지구를 더럽히지 마세요!

2017년 10월 5일 초판 1쇄

글 재키 와인스 | **옮김** 윤정숙
발행인 박형준 | **펴낸곳** 도서출판 거인
출판등록 제 2002-000121호
주소 서울시 마포구 와우산로48 로하스타워803호
전화 (02) 715-6857, 6859 | **팩스** (02) 715-6858

편집 책임 안성철

디자인 박윤선 | **마케팅** 이희경 김경진

You can save the planet

Copyright ⓒ 2008 by Jacquie Wines
KOREAN language edition ⓒ 2017 by Giant Publishing
KOREAN translation rights arranged with Michael O'Mara Books Limited, through EntersKorea Co., Ltd., Seoul, Korea

이 책의 한국어판 저작권은 팝에이전시를 통한 Michael O'Mara Books Limited사와의 독점 계약으로 도서출판 거인이 소유합니다. 신 저작권법에 의하여 한국 내에서 보호를 받는 저작물이므로 무단전재와 무단복제를 금합니다.

＊잘못 만들어진 책은 바꾸어 드립니다.

지구를 지키는 101가지 방법
지구를 더럽히지 마세요!

글 재키 와인스
옮김 윤정숙

거인

차례

1장 집에서부터 달라져야죠 ...16

2장 자연을 사랑하세요 ...32

3장 쇼핑할 때에도 지구를 생각하세요! ...56

4장 아껴 쓰고, 다시 쓰고, 고쳐 쓰자 ... 80

5장 지구를 더럽히지 마세요 ... 104

6장 생명을 살리세요 ... 126

7장 세계 사람들이 하나가 되어 ... 140

　인간은 야생생물, 숲, 강, 바다 등 지구의 자연자원 중 3분의 1을 파괴했습니다. 그 결과 여러 가지 일들이 벌어지고 있는데 그 중 가장 심각한 것이 기후변화입니다. 과학자들은 인간 때문에 지구의 기온이 점점 더 올라가고 있다고 생각합니다.

　기후변화는 지구가 맞이하고 있는 가장 심각하고 가장 장기간에 걸친 위협입니다. 기후변화의 증거는 여기저기서 찾을 수 있습니다. 북

극의 얼음은 해마다 100만 제곱킬로미터 이상 줄어들었습니다. 세계 여기저기에서 빙하가 녹고 있습니다. 지금까지 기온이 가장 높았던 10년을 살펴보면 모두 1991년 이후입니다. 그리고 해수면의 높이도 올라가 홍수의 위험도 커지고 있습니다.

기후 변화가 전 세계적으로 어떤 피해를 가져오는지 살펴볼까요?

기후변화로 사냥할 수 있는 기간이 짧아지면서 북극곰들은 기아의 위협을 받고 있습니다.

기온이 점점 올라가면서 기아와 허리케인이 심해지고 있습니다. 게다가 극지방의 거대한 얼음장은 빠른 속도로 녹아내리고 있습니다.

그린란드의 얼음장은 유럽과 면적이 같은데 만일 이 얼음장이 전부 녹아내린다면 세계의 해수면은 6.2미터 올라갈 것이고 해안가에 위치한 도시들은 대부분이 파괴될 것입니다.

지구에는 지금 이런 일들이 벌어지고 있습니다. 모두 우리의 욕심과 낭비 때문이지요. 우리는 필요 없는 것을 너무 많이 사들입니다. 우리는 수십억 톤의 쓰레기를 땅에 묻고, 엄청나게 많은 유독가스를 대기에 방출하고, 하수와 유독한 화학약품을 바다에 펑펑 쏟아 버립니다.

어떤 과학자들은 말합니다. 지금 바로 행동에 나서지 않는다면 지구를 구할 수 없을 거라고. 그래서 여러분이 나서야 합니다. 여러분이 지구의 미래를 책임져야 합니다.

여러분과 여러분의 가족이 살아가는 모습을 살펴보고 여러분의 집을 친환경적으로 바꾸어 보세요.

이 책에는 지구를 구할 수 있는 101가지의 간단하지만 효과적인 일들이 소개됩니다. 이 책은 여러분이 올바른 변화와 올바른 선택을 하도록 도와줄 거예요.

지구의 미래는, 또 인류의 미래는, 여러분의 손에 달려 있습니다. 지금 바로 행동하세요.

1장
집에서부터 달라져야죠

지구를 살리려면 집에서부터
바꾸어야 합니다.

여러분의 집이 얼마나 에너지를
절약하는지 알아보세요.
여러분의 가족이 에너지를 낭비하고
있지는 않은지, 어떻게 해야
에너지를 아낄 수 있을지
한 번 알아보세요.

1. 에너지가 얼마나 낭비되는지 알아보세요

매일 여러분의 집에서 얼마나 많은 에너지가 낭비되는지 살펴보고 기록해 보세요.

에너지 일기

· 창문 앞에 깃털을 갖다 대 틈새로 바람이 들어오는지 점검해 보았다(깃털이 펄럭이면 틈새로 바람이 들어오는 것이다). (　)개의 창문은 바람이 새들어왔다.

· 우리 집에는 (　)개의 전등이 있다. 그 중 (　)개는 에너지가 절약되는 형광등이다.

· 집 안을 돌아다녀 보았다. 빈 방에 (　)개의 전구가 켜져 있었다.

· 집 안에 (　)개의 전자 제품이 켜져 있다.

· 전열기/에어컨이 (　)도에 맞춰져 있었고, (　)개의 창문이 열려 있었다.

· 세탁기와 식기세척기를 점검해 보았다. 가득 찬 상태에서/반만 찬 상태에서 작동되었다.

· (　)개의 수도꼭지는 꼭 잠그지 않아 물이 흐르고 있었다.

You can save the planet

2. 전원을 끄세요

텔레비전의 전원을 뽑지 않으면 실제 텔레비전을 볼 때 소비되는 전기의 10% 이상을 소비하게 됩니다. 전원을 끄지 않은 셋톱박스는 실제 TV를 볼 때만큼의 전기를 소비한답니다.

가전제품은 전원을 뽑지 않으면 전기를 낭비합니다. 전원이 꽂혀 있을 경우 가전제품에는 작고 빨간 불이 들어와 있습니다. 리모컨으로는 가전제품을 완전히 끌 수 없습니다. 가전제품에 빨간 불이 들어와 있어도 아무 해가 없을 거라 생각하지만 그 때문에 엄청난 돈이 낭비됩니다.

이렇게 하세요

· 텔레비전, 컴퓨터, 휴대전화 충전기, DVD, 공유기 등 집에 있는 모든 가전제품을 점검해 보세요. 가전제품을 사용하지 않을 때에는 전기 콘센트를 뽑아야 합니다.

이렇게만 해도 전기세를 13%나 절약할 수 있다는 걸 부모님에게 알려 주세요. 그러면 지구도 구하고 돈도 절약할 수 있을 거예요.

3. 형광등을 쓰세요

집에 있는 전구를 점검해 보세요. 형광등이 몇 개나 있나요?

형광등은 백열등보다 수명이 10배나 길고 전기도 66%나 적게 소비합니다. 누군가 전기를 많이 소비하는 백열등을 사려고 하면 말리세요.

사람도 없는 빈 방에 불을 켜놓은 사람이 있어도 알려 주고요.

그러면 금방 알아들을 거예요.

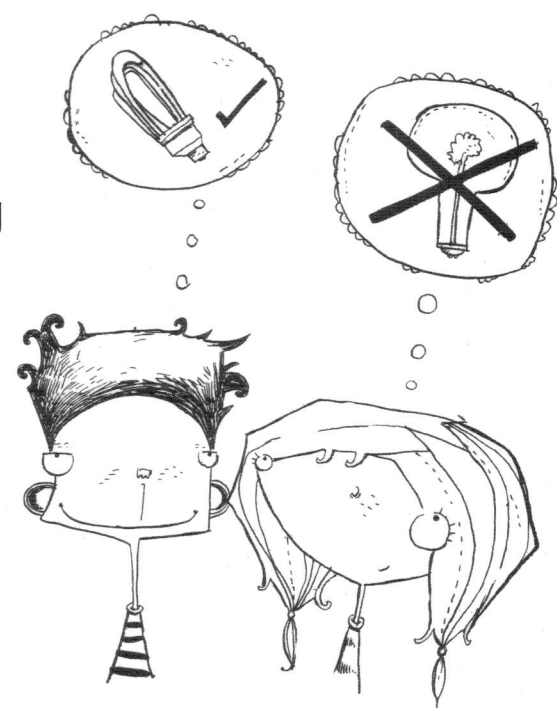

4. 환풍기를 틀지 마세요

부엌의 가스레인지 위에 달린 환풍기는 켜지 마세요. 대신 창문을 열면 전기를 100% 아낄 수 있답니다.

5. 빨래하는 방법을 알아두세요

　세탁기로 옷을 빨게 되면 많은 물과 전기가 사용됩니다. 게다가 합성세제가 물을 오염시키기까지 한답니다.

　빨래할 때 지킬 일을 가족들에게 알려 주고 '환경을 생각하며' 빨래하세요.

빨래할 때 지킬 일

· 옷이 별로 더럽지 않다면 그냥 찬물에 빠세요.
　그럼 많은 전기가 절약될 거예요.

· 세탁기는 빨래가 가득 찼을 때에만 사용하세요.

· 빨래가 하나밖에 없을 때에는 손으로 세탁하세요.

· 천연세제나 재생비누를 쓰세요.

· 세제를 조금 적게 쓰고 섬유유연제는 쓰지 마세요.

· 얼룩제거제는 조금 적게 쓰세요.

· 옷을 깨끗이 입어야 세탁하지 않고
　오래 입을 수 있답니다.

6. 고무장갑을 꺼내세요

환경을 지키는 건 쉽지 않습니다. 상황에 따라서 각각 다른 결정을 내려야 하거든요. 예를 들어 식기세척기를 볼까요?

어떤 때는 식기세척기를 쓰지 않는 게 환경에 도움이 되지만, 어떤 때는 식기세척기를 쓰는 게 환경에 도움이 된답니다.

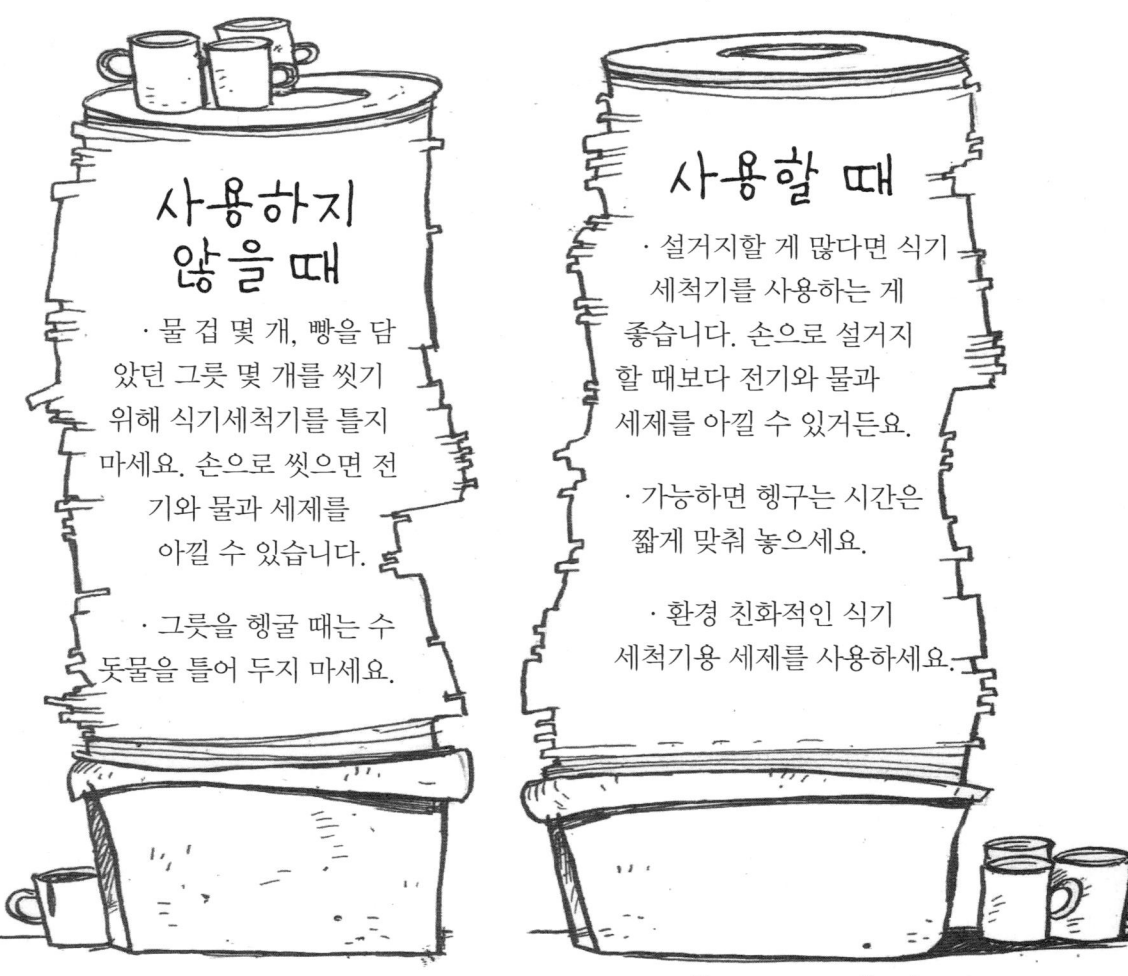

사용하지 않을 때

- 물 컵 몇 개, 빵을 담았던 그릇 몇 개를 씻기 위해 식기세척기를 틀지 마세요. 손으로 씻으면 전기와 물과 세제를 아낄 수 있습니다.

- 그릇을 헹굴 때는 수돗물을 틀어 두지 마세요.

사용할 때

- 설거지할 게 많다면 식기세척기를 사용하는 게 좋습니다. 손으로 설거지할 때보다 전기와 물과 세제를 아낄 수 있거든요.

- 가능하면 헹구는 시간은 짧게 맞춰 놓으세요.

- 환경 친화적인 식기세척기용 세제를 사용하세요.

7. 온도를 점검하세요

 히터나 에어컨을 켜는 온도를 1.5도만 낮춰도 온실가스 배출량을 1톤이나 줄일 수 있습니다. 그러니 온도계를 보고 에어컨을 켤 만큼 더운지, 히터를 켤 만큼 추운지를 점검하세요.
 온실가스가 무엇인지, 지구에 어떤 영향을 미치는지는 다음 페이지에서 알아볼 거예요.

온도계가 창문 근처에 있다면 창문을 닫으세요. 그렇지 않으면 집 안의 온도를 정확하게 알 수 없거든요.

 아참! 집 안의 잘 보이는 곳에 온도계를 하나 걸어 두세요. 또 온도를 잴 때는 꼭 창문을 닫고요.

온실가스

과학자들은 온실가스가 지구의 기온에 영향을 준다고 생각해요. 온실가스는 수증기, 이산화탄소(CO_2), 메탄, 오존으로 구성되어 있습니다. 온실가스는 자연적으로 발생하기도 하지만 사람들 때문에 만들어지기도 합니다. 온실가스는 석탄이나 석유 같은 화석연료를 태우면 증가합니다. 또한 열대우림을 태움으로써 매년 수백만 톤의 온실가스가 만들어지기도 하지요.

1. 온실가스는 지구 위에 담요를 덮은 것처럼 층을 만듭니다. 온실가스의 양이 늘어날수록 담요도 점점 두꺼워집니다.

온실효과

온실가스가 늘어나면서 지구의 기온이 점점 올라가는 것을 온실효과라고 부릅니다. 온실효과가 어떻게 발생하는지 아래 그림을 보면 알 수 있습니다. 온실가스는 지표면 위에 층을 만들어 담요처럼 태양열을 가둡니다. 온실가스가 없으면 태양열은 우주로 돌아갑니다. 하지만 온실가스 때문에 우주로 돌아가지 못한 태양열은 지구의 기온을 올라가게 합니다. 온실가스가 늘어날수록 온실효과도 커집니다.

2. 태양열이 지구에 도달합니다. 일부는 지구표면에서 반사되어 우주로 돌아가지만 일부는 온실가스 때문에 갇히게 됩니다.

3. 결국 지구의 온도가 올라갑니다.

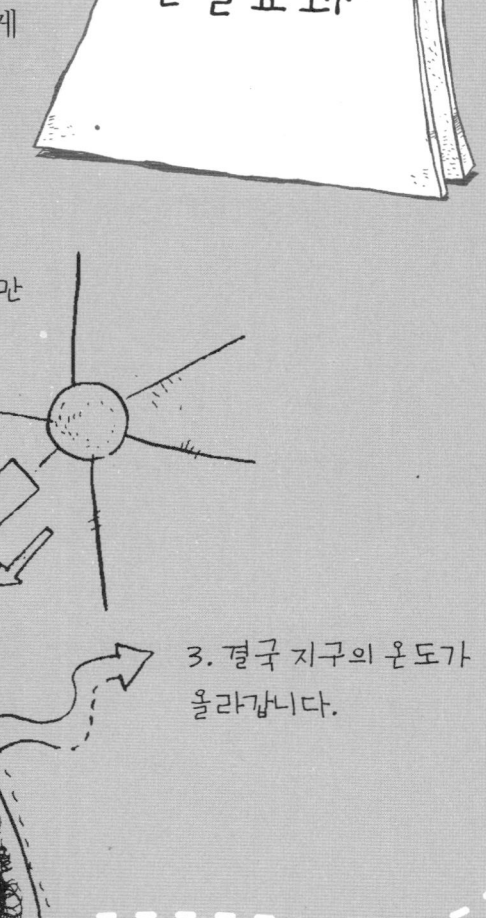

8. 빨래는 빨랫줄에 너세요

빨래건조기처럼 열을 내는 가전제품은 전기를 많이 소비합니다. 그러니 날씨가 좋은 날에는 부모님께 빨래를 빨랫줄에 널자고 하세요. 빨래건조기를 끄면 에너지를 100% 절약할 수 있어요.

9. 건전지는 폐건전지 수거함에 버리세요

휴대해서 사용하는 손전등, 라디오 같은 전자 제품에는 건전지가 사용됩니다. 하지만 이 건전지에는 우리 몸에 나쁜 해를 주는 중금속이 많이 들어 있어요.

그 중금속 중 가장 대표적인 것이 '수은' 이라는 것인데, 우리 몸에 들어가면 몸이 마비되거나 말을 못하게 된답니다.

10. 옷을 겹쳐 입으세요

난방 중일 때 창문을 열어둔 적은 없나요? 그게 에너지 낭비란 걸 이미 잘 알고 있죠? 자, 발견했다면 당장 행동에 나서야 합니다.

또 누군가 반팔 티셔츠나 반바지만 입은 채 보일러의 온도를 잔뜩 높여 놓은 적은 없나요? 그럼 그 사람에게 옷을 껴입으라고 하고 보일러의 온도를 낮추세요.

11. 페인트는 올바로 알고 쓰세요

부모님이 집 안을 예쁘게 꾸미기 위해 페인트칠을 하지는 않나요? 여름에는 화사한 연두색, 겨울에는 따뜻한 노란색으로 부엌이나 방문 등을 칠할 때가 있을 거예요.

그런데 놀라지 마세요. 이 페인트에는 중금속의 하나인 카드뮴(건전

지에도 들어 있지요)이나 이산화티탄 같은 위험한 독성물질이 들어 있어요. 그렇기 때문에 다 쓴 페인트 용기나, 페인트 붓 등을 물에 씻는다면 하수가 땅속으로 스며들어 지하수를 오염시킬 수 있답니다.

그 지하수를 우리가 고스란히 마신다고 생각해 보세요. 정말 끔찍한 일이죠.

부모님에게 페인트를 살 때는 필요한 양만을 구입하라고 말씀드리세요. 그리고 쓰고 남은 페인트는 뚜껑을 잘 닫아두어야 해요. 증발되면서 공기를 오염시킬 수 있으니까요.

다 쓴 페인트는 이웃들에게 나누어 주거나 학교에서 화단을 꾸밀 때 사용해도 좋을 거예요.

12. 탈취제는 쓰지 마세요

옷이나 침대에서 약간 냄새가 나도 탈취제는 뿌리지 마세요. 탈취제를 만드는 데에는 많은 에너지가 필요합니다. 그리고 어떤 탈취제에는 환경에 해로운 성분이 들어 있고요. 그냥 창문을 열어 환기를 시키면 지구도 숨을 쉬기 좋을 거예요.

13. 물을 낭비하지 마세요

지구에 물이 없다면 아무도 살 수 없을 거예요. 모든 식물과 동물은 물이 있어야 살 수 있어요. 지구 표면의 70%는 물로 덮여 있지만 그중 2.5%만이 우리가 마실 수 있답니다. 마실 수 있는 물은 대개 빙하나 만년설 속에 얼어 있거나 지하에 묻혀 있어서 쉽게 구할 수가 없어요. 그러니 지금부터라도 수돗물 한 방울이라도 아껴야 해요.

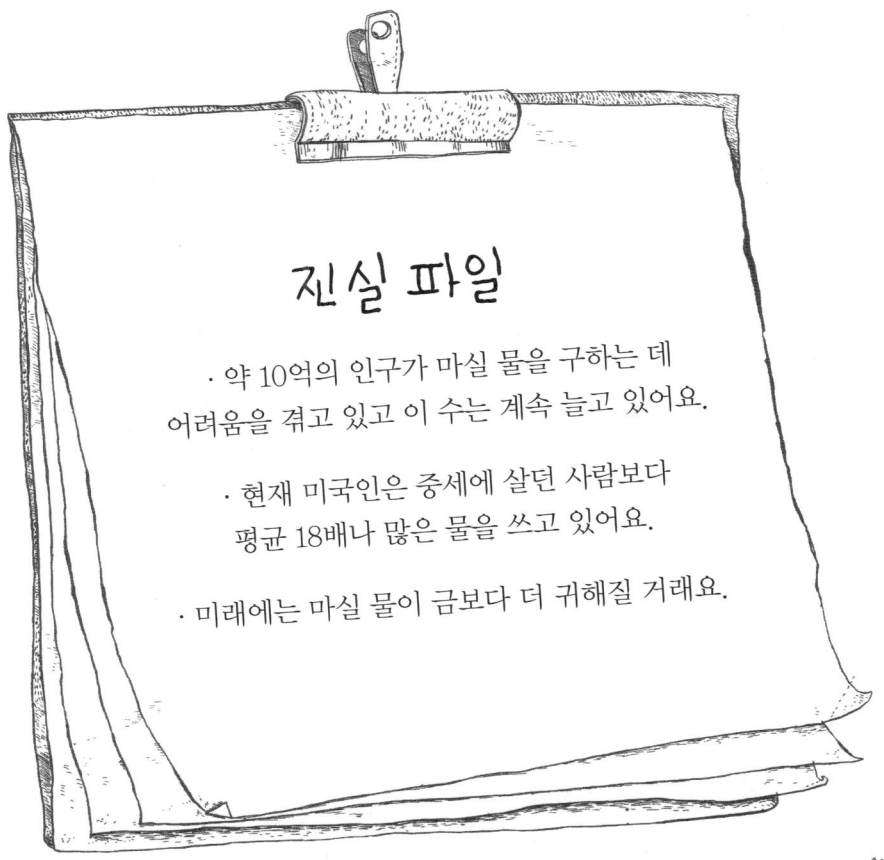

진실 파일

· 약 10억의 인구가 마실 물을 구하는 데 어려움을 겪고 있고 이 수는 계속 늘고 있어요.

· 현재 미국인은 중세에 살던 사람보다 평균 18배나 많은 물을 쓰고 있어요.

· 미래에는 마실 물이 금보다 더 귀해질 거래요.

이렇게 하세요

· 수도꼭지는 꼭 잠그세요. 수도꼭지 하나에서 1분에 최고 7.5리터의 물이 낭비될 수 있거든요. 손을 씻을 때에는 물을 틀어놓지 말고 받아서 쓰세요. 이를 닦을 때에도 수도꼭지를 꼭 잠그면 14리터의 물을 아낄 수 있어요.

· 꼭 잠기지 않는 수도꼭지가 있으면 고쳐달라고 조르세요.

· 변기 안의 물탱크 안에 벽돌을 넣거나, 플라스틱 물통에 물을 가득 채워 넣어 두세요. 하루에 8번 변기의 물을 내린다고 할 때 40~50리터의 물이 절약됩니다.

> 변기에 화장지를 한 장 버리고 물을 내리는 사람은 혼나야 해요!

· 욕조에 물을 받아서 목욕을 하기보다는 간단하게 샤워를 하세요.

You can save the planet

14. 지구를 오염시키지 마세요

　화학 처리를 하지 않고 마실 수 있는 물의 양이 점점 줄고 있어요. 우리가 석유유출, 하수, 산업폐기물, 오염 등으로 물을 더럽히고 있기 때문이죠.
　가족이 물을 오염시키지 않게 하세요. 가족이 기름, 페인트, 액체세제를 싱크대나 화장실로 흘려보내지 않게 하세요. 3.7리터의 폐유는 370만 리터의 물을 오염시킬 수 있답니다.

15. 세제를 만들어 볼까요?

　집을 깨끗이 하려다가 지구를 더럽힐 수 있어요. 부엌이나 욕실에서 쓰는 광택제, 소독제, 세척제 등은 환경을 오염시켜요.
　식초와 베이킹소다로 욕조, 싱크대, 부엌을 닦아 보세요. 스펀지를 식초에 담갔다가 닦고 베이킹소다로 윤을 낸 뒤 표면을 깨끗한 물로 헹구어 보세요. 같은 양의 물과 식초를 섞어 창문을 닦아 보세요.
　자, 어때요? 광택제, 소독제, 세척제를 사용하지 않아도 깨끗하게 닦였죠!

2장
자연을 사랑하세요

많은 사람들이 창틀, 베란다, 정원 등에서 식물을 기릅니다. 여러분의 가족들도 마찬가지일 거예요.
자, 그럼 이제 사람들이 얼마나 환경에 상냥한 방법으로 식물을 기르는지 살펴볼까요? 그 사람들은 정말 식물을 잘 기르고 있는 걸까요? 아니면 물을 낭비하고 있는 건 아닐까요?
잡초를 죽이고 해충을 잡기 위해 식물에게도 해로운 독을 쓰고 있는 건 아닐까요?

식물과 야생생물이 화학물질 없는 깨끗한 환경에서 잘 자랄 수 있게 해 주세요.

16. 물을 줄 때에는

지구에 있는 물의 양이 언제나 똑같다는 거 아세요? 공룡이 살았던 아주 옛날이나 로켓이 날아다니는 지금이나 쓸 수 있는 물의 양은 똑같다는 거지요. 물은 계속 재활용되고 있는 셈이랍니다. 새로 물을 만들어낼 방법이 없으니까 우리에게 있는 물을 잘 지켜야겠지요?

문명이 발전하면서 사람들은 물을 많이 낭비하게 되었습니다. 여러분의 가족이 물을 낭비하지 않게 하세요.

이렇게 하세요

- 호스로 화초에 물을 주지 못하게 하세요. 호스는 정말 많은 물을 낭비하게 합니다. 호스 대신 물뿌리개를 사용하세요.

You can Save the planet

· 비 오는 날에는 양동이를 밖에 내놓아 빗물을 받으세요. 그리고 그 물을 화초에 주세요.

· 물을 많이 주지 않아도 되는 식물을 기르세요. 라벤더나 세이지를 길러보면 어떨까요?

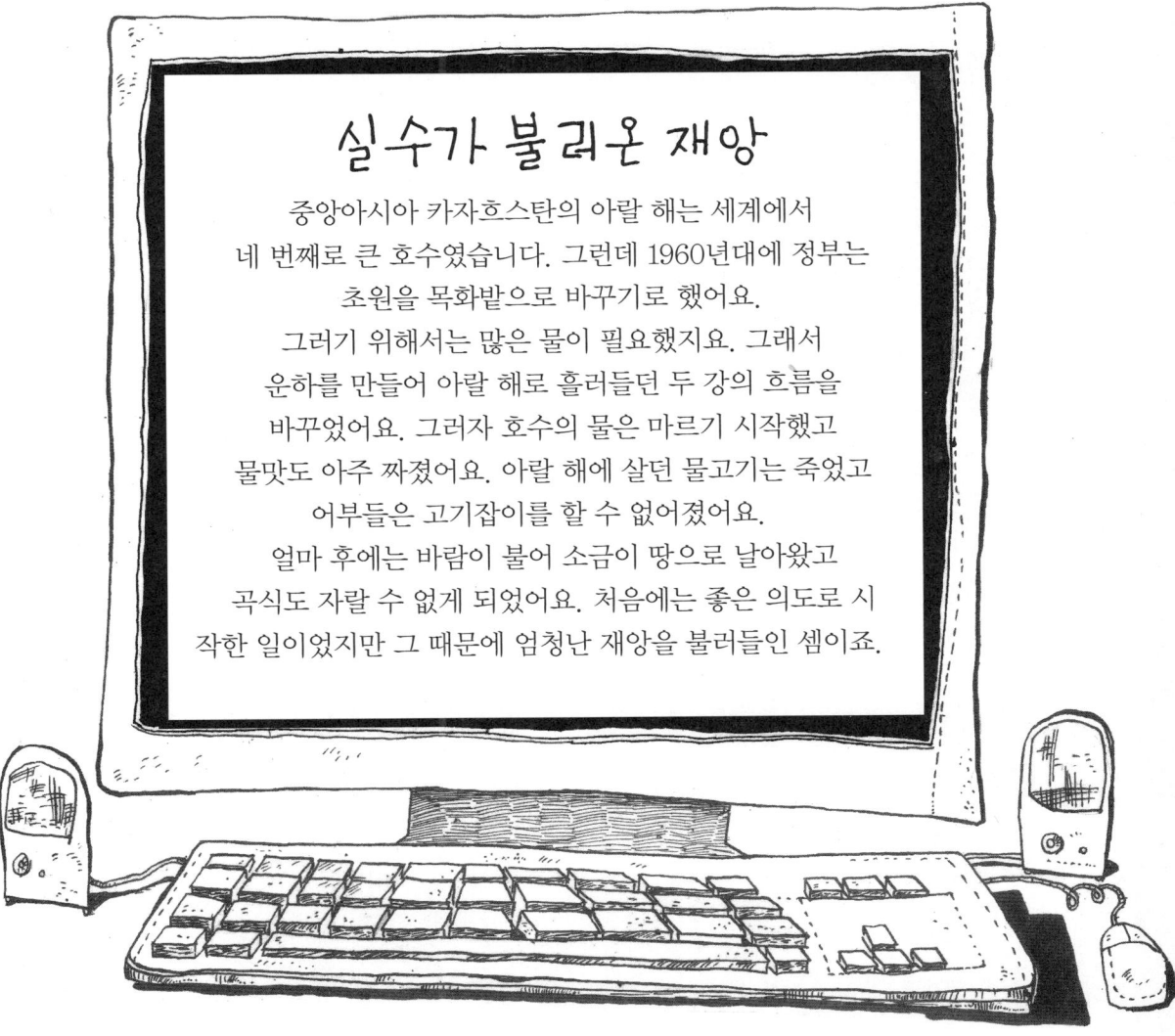

실수가 불러온 재앙

중앙아시아 카자흐스탄의 아랄 해는 세계에서 네 번째로 큰 호수였습니다. 그런데 1960년대에 정부는 초원을 목화밭으로 바꾸기로 했어요. 그러기 위해서는 많은 물이 필요했지요. 그래서 운하를 만들어 아랄 해로 흘러들던 두 강의 흐름을 바꾸었어요. 그러자 호수의 물은 마르기 시작했고 물맛도 아주 짜졌어요. 아랄 해에 살던 물고기는 죽었고 어부들은 고기잡이를 할 수 없어졌어요. 얼마 후에는 바람이 불어 소금이 땅으로 날아왔고 곡식도 자랄 수 없게 되었어요. 처음에는 좋은 의도로 시작한 일이었지만 그 때문에 엄청난 재앙을 불러들인 셈이죠.

17. 나무를 심으세요

예전에는 지금보다 비교할 수 없을 만큼 나무가 많았습니다. 하지만 사람들이 도시를 건설하고 농사를 짓기 위해 나무를 베어 버렸지요. 지금 그 많던 숲은 빠르게 사라지고 있어요. 나무를 베어 버리고 숲을 태우는 것은 온실가스의 주된 원인 중 하나예요. 여기 충격적인 사실을 몇 가지 알려 줄게요.

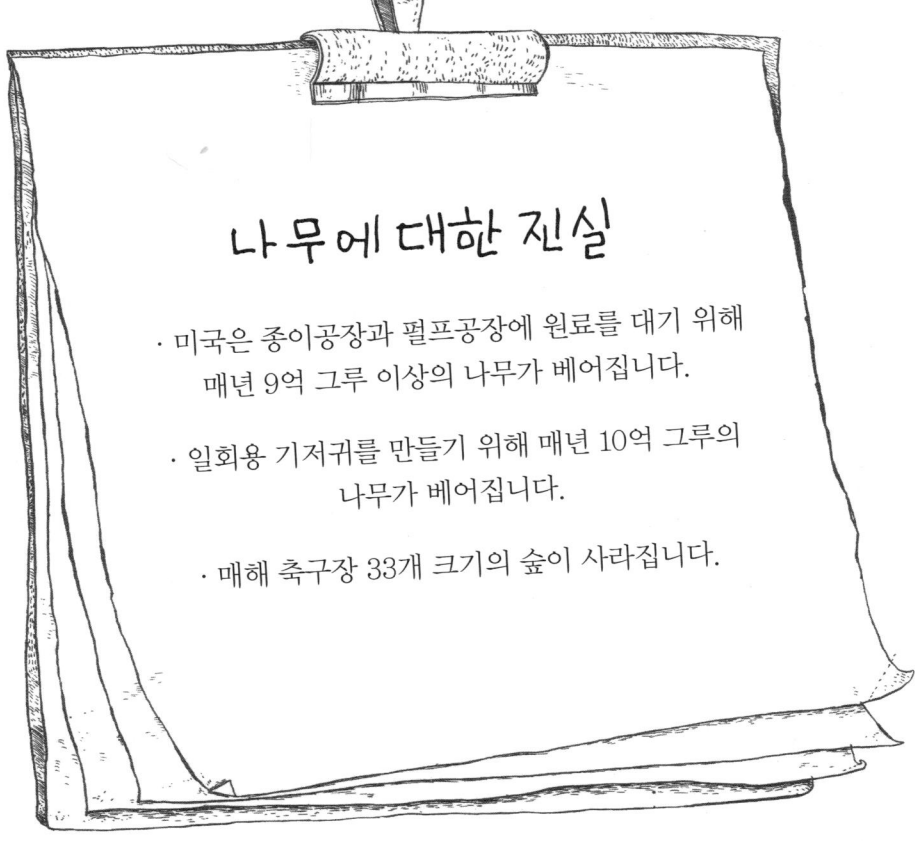

나무에 대한 진실

- 미국은 종이공장과 펄프공장에 원료를 대기 위해 매년 9억 그루 이상의 나무가 베어집니다.

- 일회용 기저귀를 만들기 위해 매년 10억 그루의 나무가 베어집니다.

- 매해 축구장 33개 크기의 숲이 사라집니다.

나무들이 사라지고 있다는 게 그렇게 중요한 일일까요? 물론이죠. 나무는 우리가 숨을 쉴 수 있게 도와줍니다.

나무는 일산화탄소, 이산화황, 이산화질소처럼 독이 있는 가스를 흡수하여 공기를 깨끗하게 해 줍니다. 한 그루의 나무는 매년 27킬로그램의 독성물질을 정화해 줍니다.

게다가 나무는 우리가 숨 쉬는 데 필요한 산소를 배출합니다. 다 자란 나무 한 그루는 4인 가족이 1년 동안 숨 쉴 수 있는 산소를 제공합니다.

나무가 지구에서 가장 오래 사는 생물이라는 거 알아? 나무는 수백 년 동안 살 수 있어.

알아. 하지만 오염 때문에 도시의 나무는 10년도 못 사는 경우가 많지.

이렇게 하세요

- 나무를 심으세요. 어떤 나무를 심을지 부모님이나 선생님께 물어보거나 주위에 있는 나무를 잘 살펴보세요. 그리고 학교나 공원이나 정원에 나무를 심어도 좋다는 허락을 받으세요. 먼저 화분에 사과나 토마토를 심어보면 어떨까요?

- 외래종 말고 재래종을 심어야 해요.

18. 농약이 해로운 이유

어떤 곤충과 동물은 질병을 옮기고 농사를 망칩니다. 그래서 우리는 그 곤충과 동물을 위험한 화학물질로 죽이지요. 그런 화학물질이 바로 농약이에요.

1940년대에 과학자들은 농약을 사용하면 수확량이 늘어나서, 수백만 명의 사람들을 굶주림에서 구할 수 있을 거라고 생각했습니다. 그 생각이 완전히 틀린 것은 아니었습니다. 그러나 농약이 해충만 죽인 것은 아니었습니다. 농약은 바람에 의해 다른 곳으로 퍼지거나 물로 흘러들어가서 환경을 파괴했습니다.

생각해 볼 문제

· 비행기로 농약을 뿌리면 그 중 2%정도만 밭에 도달합니다.

· 어떤 해충은 농약에 적응하여 농약이 듣지 않게 됩니다. 이런 녀석들은 '슈퍼해충'이라 불립니다.

· 농약은 먹이사슬을 파괴합니다. 예를 들어 수달은 농약에 의해 오염된 물고기를 잡아먹게 되지요.

· 농약은 우리 피부에도 쉽게 흡수됩니다. 그래서 만지기만 해도 우리 몸에 들어오지요.

이렇게 하세요

· 환경을 해치지 않고 해충을 없앨 수 있는 방법을 연구해 보세요. 예를 들어 진딧물은 물을 뿌려 떼어낼 수 있습니다. 잡초는 농약으로 죽이는 대신 손으로 뽑을 수 있지요. 화초를 괴롭히는 민달팽이에게 맥주를 먹이면 어떨까요? 그러면 녀석은 술에 취해 길을 잃어 버릴 거예요. 여러분이 가장 아끼는 화초 옆에 맥주를 부은 접시를 놓으세요. 아니면 계란껍데기를 부숴서 화초 주위에 뿌려 보세요. 달팽이가 접근하지 못할 거예요.

· 살충제는 쓰지 마세요. 창문과 문에 모기장을 달아 파리, 나방, 벌레가 집 안에 들어오지 못하게 하세요.

· 쥐약을 놓는 대신 쥐가 들어올 만한 구멍을 막아 버리세요.

· 현재 5만여 종의 농약이 개발되어 있습니다. 그 중 많은 수가 여러분의 집에도 있습니다. 나프탈렌, 개나 고양이에게 달아준 기생충방지목걸이, 살충제, 화초에 뿌리는 살충제 등, 이런 제품을 꼭 사용해야 한다면 조금만 사용하고 땅을 오염시키지 않게 잘 보관하세요.

19. 채소나 과일을 길러 보세요

직접 채소나 과일을 길러 먹는 것은 정말 재미있습니다. 게다가 농약도 뿌리지 않으니 마음 놓고 먹을 수도 있지요.

자, 맛있는 체리토마토를 길러보면 어떨까요? 꼭 정원이 있어야 하는 것은 아닙니다. 햇빛이 잘 드는 창틀에 화분을 놓고 길러도 되지요.

체리토마토는 겨울이 완전히 끝난 4월 말에 심는 게 가장 좋습니다.

1. 체리토마토의 씨를 파냅니다. 씨앗을 물에 헹구어 말립니다.

2. 빈 요구르트 통에 배양토를 담습니다. 요구르트 통 가운데 체리토마토 씨를 심습니다. 물을 조금 줍니다.

3. 요구르트 통에 표시해서(그래야 아무도 요구르트 통을 버리지 않겠지요!) 햇빛이 잘 드는 창가에 둡니다. 흙이 항상 축축하도록 매일 물을 줍니다. 물을 너무 많이 주지 않도록 주의하세요. 1주일 후면 작은 새싹이 나올 거예요.

4. 한 달이 지나면 새싹이 자라나 제법 식물의 모습을 갖출 거예요. 그러면 뿌리가 다치지 않게 요구르트 통에서 파내 배양토가 가득한 커다란 화분에 옮겨 심습니다.

5. 토마토를 보살펴 주고 물을 줍니다(이번에는 하루에 두 번 물을 주세요). 몇 주 후에 꽃이 필 거예요. 꽃이 떨어지면 연두색의 작은 토마토가 열립니다.

6. 체리토마토가 발갛게 되어 물렁거리면 익은 거니까 따서 가족 모두와 맛있게 먹어요.

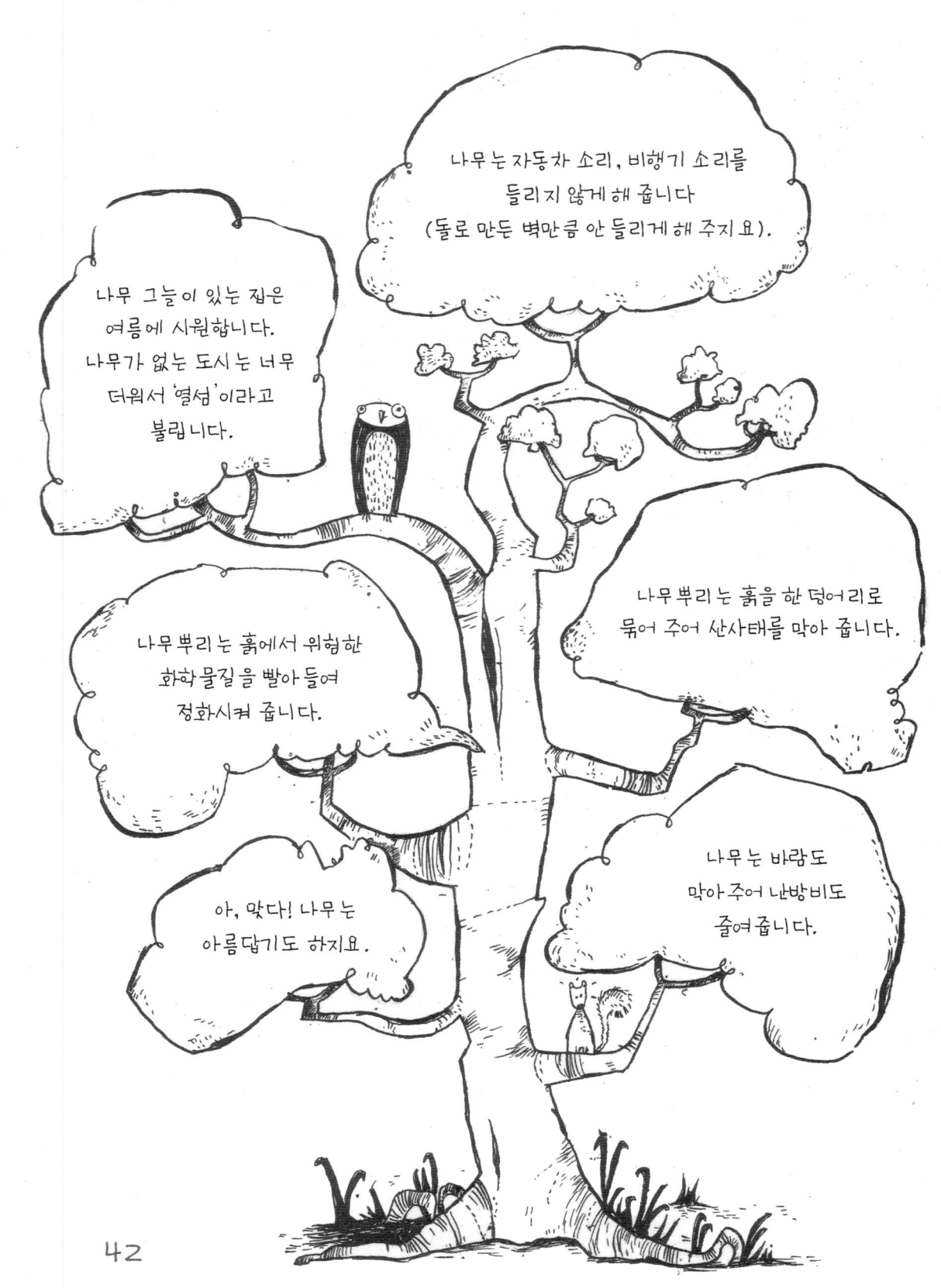

20. 식물을 고를 때에는

예쁘다고 아무 식물이나 심지 마세요. 무엇인가 심기 전에 생각해 보아야 할 것들이 있답니다.

이렇게 하세요

· 야생생물에게 먹이를 주고 집이 되어주는 식물을 고르세요.

· 다른 식물의 성장을 위협하는 식물은 심지 마세요.

· 외래식물은 급속하게 퍼져나가 다른 식물에게 해를 입힐 수 있습니다. 예를 들어 다른 식물이 숨을 쉴 수 없게 하거나 물을 빨아들일 수 없게 하지요. 그러니 울타리로 기어오르는 외래식물은 심지 마세요.

· 외국에서 들여온 식물에는 해충이 숨어 있을지 모릅니다. 그런 해충은 토종식물을 모두 죽이고 없애기도 힘듭니다.

21. 연못을 만드세요

　예전에는 마을마다, 농장마다 연못이 있었습니다. 그러나 우리의 사는 모습이 바뀌면서 연못의 수도 줄었지요. 연못에 살던 생물들은 이제 살 곳을 잃어가고 있습니다.
　부모님이나 선생님께 연못을 만들자고 해 보세요.

　1. 평평하고 햇빛이 잘 들고 나무그늘이 없는 곳을 고르세요. 지팡이나 노끈으로 연못의 모양을 그려 보세요.
　2. 연못 가장자리는 야트막하게 해서 식물들이 자라고 동물들이 드나들게 해 주세요. 연못의 가장 깊은 부분은 75센티미터 정도 되어야 겨울에 연못의 윗부분이 얼어도 생물들이 살 수 있습니다.
　3. 신문지, 마분지, 낡은 카펫을 연못 안에 까세요. 그 위를 비닐로 덮으세요. 그 위에 다시 신문지를 깔고 흙을 덮으세요.
　4. 연못이 진흙탕이 되지 않도록 물을 천천히 채워 주세요.
　5. 연못에 금붕어를 넣지 마세요. 금붕어는 연못에 사는 모든 걸 먹어 치우거든요. 대신 큰 가시고기를 기르세요.
　6. 연못에 식물을 심으세요. 그러면 산소를 만들어 주고 연못을 찾는 생물들에게 쉴 곳을 주거든요.
　7. 개구리, 달팽이, 새들이 새 집이 생겨 기뻐할 거예요.

22. 쓰레기를 태울까요, 버릴까요?

환경 전사라면 환경 문제에 대해 잘 알고 있어야 합니다. 그래야 가족들을 설득시켜 지구를 구할 수가 있지요.

하지만 모든 문제를 분명하게 옳고 그르다고 구분할 수는 없습니다. 어떤 일에 찬성하거나 반대하는 사람들에게는 그만한 이유가 있거든요. 집에서 쓰레기를 태우는 문제를 예로 들어볼까요?

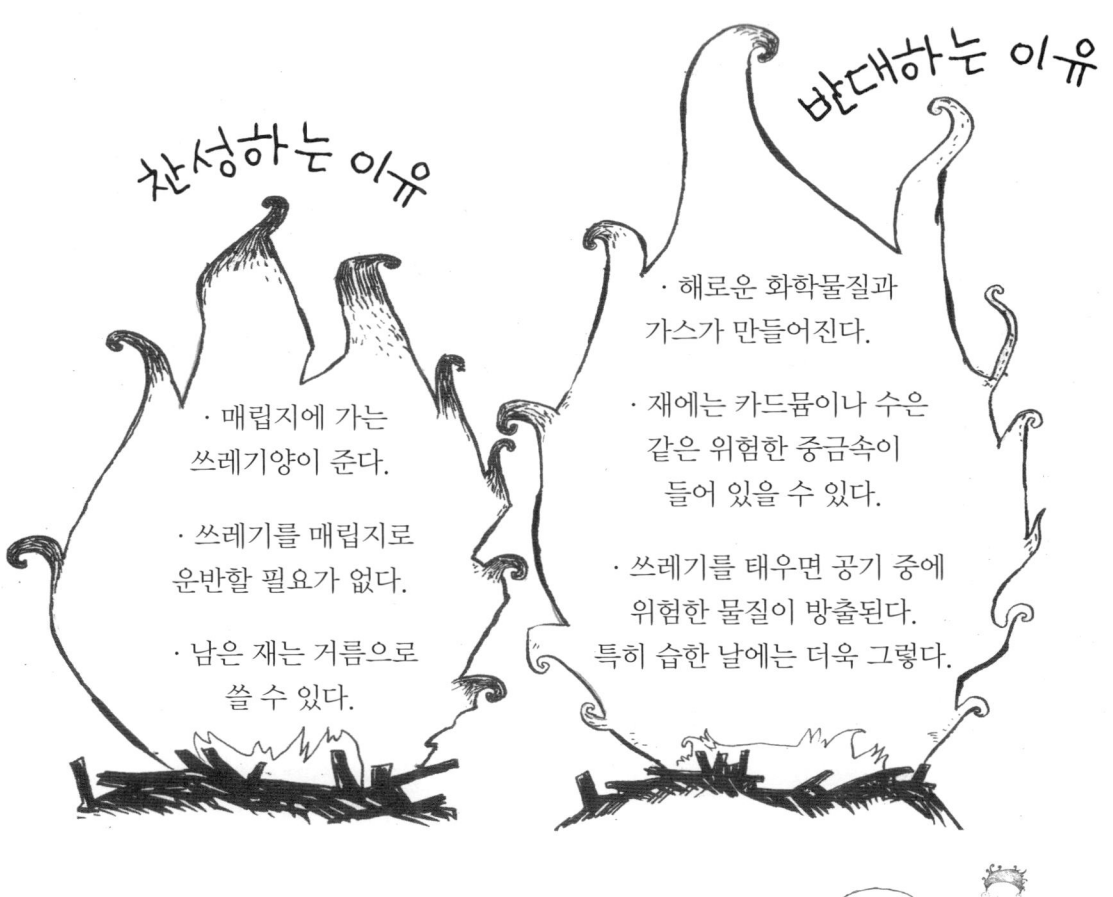

찬성하는 이유

- 매립지에 가는 쓰레기양이 준다.
- 쓰레기를 매립지로 운반할 필요가 없다.
- 남은 재는 거름으로 쓸 수 있다.

반대하는 이유

- 해로운 화학물질과 가스가 만들어진다.
- 재에는 카드뮴이나 수은 같은 위험한 중금속이 들어 있을 수 있다.
- 쓰레기를 태우면 공기 중에 위험한 물질이 방출된다. 특히 습한 날에는 더욱 그렇다.

이렇게 하세요

쓰레기를 처리하는 또 다른 방법을 소개할게요.

· 쓰레기를 태울지, 버릴지 싸우지 말고, 재활용을 해 보면 어떨까요? 어떤 물건을 재활용할 수 있는지는 3장에서 소개할 거예요.

· 부엌이나 정원에서 생기는 쓰레기는 태우지 말고 거름을 만들어 보세요.

· 냉장고, 낡은 매트리스, 자동차 배터리, 페인트 통은 태우지 마세요. 해로운 연기가 나오거든요. 대신 이런 물건들은 재활용을 하세요.

· 타이어도 태우지 마세요. 타이어로는 그네나 울타리를 만드세요. 아니면 화분으로 쓸 수도 있고요.

· 성냥 같은 걸로 불장난을 하지 마세요. 해마다 화재로 우리의 숲이 앓고 있어요.

You can save the planet

23. 자가용을 타기 전에 생각해야 할 것

　자가용은 우리의 생활에 큰 도움을 줍니다. 비나 눈이 오는 날 편하게 목적지까지 갈 수도 있고, 많은 짐을 싣고 가족들과 여행을 갈 땐 우리가 직접 짐을 들지 않으니 부담도 없지요. 하지만 이런 자가용이 늘어날수록 지구는 더욱 몸살을 앓게 된답니다.

　미국에서는 평균 1억 4000만 대의 자동차가 하루에 64억 킬로미터를 달리고 8억 리터 이상의 휘발유를 사용한답니다. 정말 어마어마한 수치지요?

　만일 이 사람들이 1주일에 하루만 차를 타지 않더라도 3억 7000킬로그램의 이산화탄소를 없앨 수 있답니다.

24. 산울타리를 만드세요

지난 60년간 영국에서만 32만 2000킬로미터의 산울타리가 사라졌습니다. 이는 지구를 한 바퀴 돌 만한 길이지요. 농부들은 넓은 밭에서 현대적인 농기구를 사용하고 싶어 합니다. 그래서 산울타리를 없애는 거죠. 슬프게도 산울타리가 사라지면 거기 살던 작은 동물이나 새가 집을 잃고 굶게 된답니다.

여우나 오소리 같은 동물들은 이 숲에서 저 숲으로 옮겨갈 때 산울타리를 길로 사용합니다. 여우나 오소리는 들판을 가로질러 다니는 걸 좋아하지 않거든요.

산울타리가 없으면 비옥한 흙이 바람에 날아가 버릴 수도 있습니다.

이렇게 하세요

근처에 산울타리가 있다면 잘 가꾸어 주세요.

· 산울타리 근처에 쓰레기가 있으면 치워 주세요. 고슴도치 같은 작은 동물이 빈 음료수 캔에 코를 밀어 넣으면 혼자 힘으로는 빼낼 수가 없답니다.

· 산울타리에 열매가 달렸다면 잘라내지 못하게 하세요. 새의 먹이

You can save the planet

가 될 테니까요.

· 산울타리 바닥에 떨어진 잎사귀는 치우지 마세요. 동물들의 집이 되어 주거든요.

· 해로운 제초제는 절대로 뿌리지 마세요. 야생생물까지 위협할 수 있답니다.

· 캠페인을 벌여 정원에 산울타리를 심게 하세요. 만일 정원에 산울타리를 심는다면 이웃의 경계를 넘지 않게 하세요.

25. 텃새를 보호합시다

도시가 커지고, 공원이 없어지고, 잔디가 아스팔트 밑으로 사라지면서 많은 새들이 집을 잃고 굶주리게 되었습니다.

이렇게 하세요

새를 도울 수 있는 방법들을 소개합니다.

· 새들에게 목욕탕을 만들어 주세요. 새들은 체온을 유지하기 위해 깃털을 깨끗이 해야 합니다. 낡은 철제그릇이나 사기그릇을 밖에 내놓고 깨끗한 물로 채우세요.

· 새들에게 집을 만들어 주세요. 커다란 플라스틱 우유통에 새들이 드나들 수 있게 작은 컵만 한 구멍을 만들어 주세요. 새들이 잠을 잘 수 있게 그 안에 잘게 자른 종이나 밀짚을 넣어 주세요.

· 공원을 더욱 많이 만들어야 해요. 그러면 공원에 곤충들이 많이 살 것이고 새들은 먹잇감이 늘어나 살기 편할 거예요.

· 살충제를 뿌리지 마세요. 벌레는 새들이 잡아먹을 테니까요.

You can save the planet

26. 새들은 남은 음식을 좋아해요

해마다 한 명의 유럽인이 버리는 음식물 쓰레기의 양은 2800개의 바나나 껍질과 맞먹는답니다. 씨앗이나 견과류뿐 아니라 새들은 대부분의 음식물 쓰레기를 좋아합니다. 그러니 먼저 새들이 좋아하는 음식을 챙기고 나서 쓰레기를 버리세요.

케이크, 비스킷, 빵, 치즈, 밥, 베이컨 껍질, 오래된 과일, 토마토, 소금을 뿌리지 않은 견과류, 고기에서 떼어낸 지방, 뼈다귀
(새들에게 소금을 뿌린 견과나 말린 코코넛은 주지 마세요.)

베란다나 정원에 새의 모이를 올려놓는 테이블을 설치하세요. 배고픈 고양이가 훔쳐 먹을 수 없게 주의하고요.

새들은 곧 그 테이블을 식량 창고로 생각할 거예요. 그렇게 겨울 내내 새들이 굶지 않게 해 주세요.

27. 텃밭을 만드세요

우리 주변에 텃밭을 만들 곳이 없는지 잘 둘러보세요. 텃밭은 에어컨이나 자동차의 배기가스로 뜨겁게 달아올라 있는 도시의 열기를 식혀 줍니다. 그 뿐만이 아니에요. 산소를 배출해서 탁한 공기를 맑게 해 주기도 하지요. 무엇보다 텃밭에 직접 심어 가꾼 채소들은 그야말로 100% 유기농 식품이 되는 거죠.

반드시 넓은 땅이 필요한 것은 아니에요. 옥상이나 베란다에 화분을 두고 작은 텃밭을 가꿀 수도 있죠. 단 햇빛이 잘 들고, 물주기에 각별히 신경을 써야 해요. 그리고 가장 중요한 것은 거름을 주는 거예요.

부엌에서 쓰레기는 유기물입니다. 유기물은 다른 말로 하면 원래 살아 있던 물질들이죠. 그래서 그 쓰레기를 밖에 쌓아놓으면 며칠 안에 박테리아나 곰팡이가 생겨 썩을 거예요. 벌레, 딱정벌레, 구더기는 썩어가는 쓰레기를 먹어치우고 찌꺼기를 남겨둘 거예요. 그게 바로 거름이죠. 거름은 식물에게 아주 좋은 영양분이 된답니다.

이렇게 하세요

· 거름은 따뜻하고 습한 곳에서 만들어야 합니다. 그래서 거름통은 햇빛이 들고 축축한 곳에 두는 것이 좋습니다.

· 과일이나 채소의 껍질도 좋지만 고기, 치즈, 생선은 거름통에 넣지 마세요. 쥐가 들끓을 테니까요.

· 거름을 만들기 위해서는 쓰레기통에 버리지 말고 따로 지정된 곳에 모아야 해요.

· 그렇게 모은 거름 재료를 거름통에 부어 주세요. 집 안 쓰레기 중 3분의 2는 거름이 될 수 있습니다. 아래 소개된 것들을 종이에 옮겨 적어 냉장고에 붙여 두세요. 그래야 사람들이 아무거나 쓰레기통에 버리지 않을 테니까요.

· 거름통 음식물을 버릴 때 스티로폼이나 비닐, 유리 조각이 들어가지 않도록 각별히 주의해 주세요.

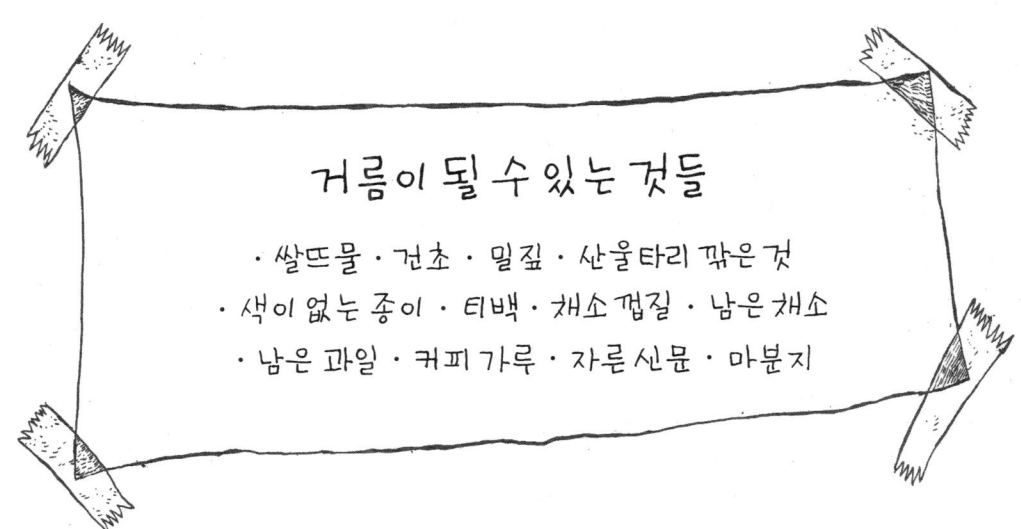

거름이 될 수 있는 것들

· 쌀뜨물 · 건초 · 밀짚 · 산울타리 깎은 것
· 색이 없는 종이 · 티백 · 채소 껍질 · 남은 채소
· 남은 과일 · 커피 가루 · 자른 신문 · 마분지

· 가끔 거름 더미에 소변을 보아도 좋아요. 어떤 사람들은 그렇게 하면 정말 좋은 거름이 만들어진다고 생각하지만, 어떤 사람들은 그렇게 하면 산성 거름이 만들어진다고 생각해요.

28. 벌레를 보았을 때

요즘에는 농장에서 벌레도 판답니다. 그런 벌레를 사서 거름통에 풀어 주면 어떨까요? 벌레들은 티백, 커피가루, 축축한 마분지를 잘 먹어요. 잘게 찢은 신문지도 잘 먹지요. 벌레들이 쓰레기를 멋진 거름으로 바꾸는 모습을 관찰해 보세요.

그렇다고 벌레를 가지고 사람들을 놀래키거나 장난을 쳐서는 안 돼요. 부모님이 거름통을 당장 치우라고 하실지도 모르거든요.

자연을 사랑해야 합니다

우리의 생명을 지켜 주니까요

바로 지금 우리가 해야 할 일입니다

3장
쇼핑할 때에도 지구를 생각하세요!

많은 유럽인들이 해마다
자신의 몸무게의 6배나 되는
쓰레기를 버립니다.
그렇게 버려진 쓰레기는
쓰레기 매립지에 묻히고,
이런 식이라면 언젠가 우리 지구는
거대한 쓰레기장이 되어 버릴지 몰라요.

쓰레기 문제를 해결할 수 있는
가장 좋은 방법은 물건을
조금 적게 사는 거지요.
그러면 쓰레기가 줄어들 테니까요.

29. 어떤 물건을 살까요?

곧 버릴 물건보다는 오래 쓸 물건을 사야 합니다. 여기 어떤 물건을 사고 어떤 물건을 사지 말아야 할지 소개할게요.

사지 말아야 할 물건

- 일회용 기저귀
- 일회용 면도기
- 일회용 행주
- 티슈
- 음식을 담는 비닐봉투
- 일회용 식탁보, 냅킨, 접시, 빨대

사야 할 물건

- 천 냅킨
- 면도기
- 천 행주
- 손수건
- 플라스틱 그릇
- 빨거나 닦아낼 수 있는 식탁보, 냅킨, 도자기 접시,

30. 그냥 싫다고 말하세요

광고나 포장 때문에 물건을 사지 마세요. 슈퍼마켓에 가면 필요한 것 이상으로 물건을 사게 됩니다. 예를 들어 어떤 물건이 하나만 필요하다든지, 전혀 필요하지 않다면 '하나 값에 두 개'를 사는 건 전혀 싼 게 아니에요.

이런 함정에 빠지지 않으려면 어떤 물건을 살 건지 미리 목록을 만드는 게 좋아요. 그 목록에는 여러분의 가족에게 정말 필요한 것들만 들어가게 되죠.

미국 오하이오 주에서 가장 높은 곳은 럼프크 산이랍니다. 럼프크 산은 '쓰레기로 만든 산'이라는 뜻이래요.

31. 푸드 마일을 계산해 보세요

여러분이 자동차를 타고 슈퍼마켓에 갈 때 자동차의 휘발유만 소비되는 것은 아닙니다. 슈퍼마켓에 있는 물건 중에는 배나 비행기로 운반된 것도 있습니다. 배나 비행기는 바다나 하늘을 오염시킵니다. 푸드 마일을 계산해야 하는 것도 이 때문이죠. 우리의 식탁에 푸드 마일이 너무 긴 음식이 올라오는 건 좋지 않습니다.

푸드 마일

푸드 마일은 생산지에서 우리의 식탁까지 얼마나 먼 거리를 이동해왔는지 측정하는 것입니다. 푸드 마일이 길수록 운반하는 데 많은 연료가 듭니다.

이렇게 하세요

· 물건을 사기 전에 먼저 원산지를 확인하세요. 중국에서 만들어진 티셔츠를 살까? 그럼 지도를 확인해 보세요. 너무 멀죠.

· 제철에 나는 음식을 먹도록 해요('제철'이란 그 과일과 채소가 자연적으로 성장하는 때를 뜻합니다). 겨울에 딸기가 먹고 싶다고요? 그러려

면 딸기를 비행기에 싣고 대서양을 건너야겠죠. 지도를 확인해 보세요. 미국에서부터……. 푸드 마일이 너무 길죠?

· 여러분의 고장에서 생산된 유기농 과일, 채소를 먹도록 해요. 지도를 확인해 보세요. 한 대의 트럭이 몇몇 가게에 과일과 채소를 실어다 줍니다. 사람들이 큰 슈퍼마켓까지 차를 몰고 가는 것보다 휘발유도 적게 들지요.

· 필요하지 않은 식품은 사지 마세요. 푸드 마일을 확인해 보세요. 여러분이 사지 않은 식품의 푸드 마일은 0입니다.

· 여러분이 먹을 채소를 직접 키워 보세요. 재미있고 환경에도 좋습니다. 푸드 마일을 확인하세요. 여러분의 마당에서 식탁까지 단 몇 걸음이면 됩니다.

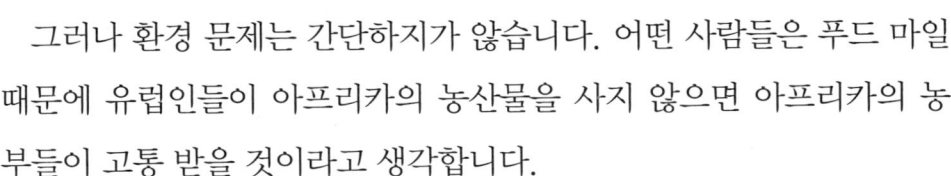

그러나 환경 문제는 간단하지가 않습니다. 어떤 사람들은 푸드 마일 때문에 유럽인들이 아프리카의 농산물을 사지 않으면 아프리카의 농부들이 고통 받을 것이라고 생각합니다.

32. 생수는 싫어요

수돗물보다 병에 든 생수가 낫다고 생각하세요? 절대 그렇지 않아요. 이제 그 이유를 알려줄게요.

물에 대한 진실

· 생수는 수돗물만큼 엄격하게 위생검사를 받지 않습니다.
· 플라스틱 생수병은 썩는 데 수백 년이 걸립니다.
· 수돗물에는 불소화합물이 들어 있어 이를 튼튼하게 해 줍니다.

33. 항상 상표를 살펴 보세요

멀쩡해 보이는 물건에도 유해한 화학물질이 들어 있습니다. 그래서 물건을 살 때마다 상표를 확인해야 합니다. 좀더 환경 친화적인 물건을 찾으세요.

또한 물건의 포장재가 재생 종이나 재생 플라스틱으로 만들어졌는지도 확인해야 합니다.

34. 환경을 생각하는 쇼핑

다음번에 가족 중 누군가 슈퍼마켓에 간다면 쇼핑 계약서를 지키게 하세요.

우리 가족의 쇼핑 계약서

· **우리 가족은 1주일에 한 번만 쇼핑합니다.**
이렇게 하면 필요 없는 물건은 사지 않게 되지요.
게다가 슈퍼마켓에 왔다 갔다 하느라 소비하는
휘발유의 양도 줄고요.

· **가능하면 화학비료를 사용하지 않은
유기농 과일과 채소를 삽니다.**
지구를 위해서도, 우리를 위해서도 더 좋을 거예요.

· **가능하면 우리 고장(나라)의 농산물을 삽니다.**
그러면 농산물을 슈퍼마켓까지 운반하는 데
연료가 더 적게 듭니다.

· **제철 과일과 채소를 삽니다.**
우리는 그 물건이 어느 나라에서 만들어졌는지 상표를 확인하고,
지구를 반 바퀴쯤 날아온 물건은 사지 않습니다.

35. 주스는 싫어요

가게에서 파는 주스에는 많은 설탕이 들어 있습니다. 게다가 주스를 만들려면 물도 많이 들고 포장도 해야 합니다.

그냥 과일을 먹으면 치아도 보호할 수 있고 쓰레기 양도 줄어듭니다.

이렇게 하세요

· 유기농 과일을 사세요. 그러면 지구를 오염시키는 살충제도 줄일 수 있고 운반에 필요한 연료도 아낄 수 있어요.

· 만일 여러분이 꼭 주스를 마셔야 한다면 직접 만들어 보세요.

· 과일 껍질이나 상한 과일은 텃밭에 줄 거름으로 활용하세요.

36. 대량으로 사세요

앞에서 필요한 물건만 사라고 했지요? 그러나 꼭 필요한 물건을 살 때에는 큰 것으로 사는 것이 좋습니다. 그러면 그 물건을 사기 위해 슈퍼마켓에 몇 번씩 차를 몰고 갈 필요가 없지요. 그러면 휘발유도 적게 들고 오염도 적게 되죠. 또한 물건을 하나하나 포장할 때보다 낭비도 덜 되고요. 게다가 대량으로 사면 싸기까지 하답니다.

아무리 대량이라도 하나하나 따로 포장된 물건은 사지 마세요. 쓸데없이 2중으로 포장이 되어 있는 거니까요. 생수처럼 여러 개의 작은 통을 테이프로 묶어 놓은 것도 마찬가지입니다.

37. 패스트푸드는 싫어요

패스트푸드가 우리 몸에 좋지 않다는 건 이미 알고 있죠? 하지만 패스트푸드가 지구에도 좋지 않다는 것도 아세요?

패스트푸드 가게에서는 모든 음식을 하나하나 포장합니다. 햄버거를 산다고 상상해 보세요.
햄버거는 종이로 싸고, 감자칩은 상자에 담고, 음료수는 종이컵에 담고, 소금, 후추, 소스는 작은 비닐 봉투에 넣은 다음 커다란 종이가방에 냅킨, 플라스틱 칼, 빨대와 함께 담아 주지요.

가게를 나오자마자 사람들은 어떻게 할까요? 그 모든 포장지를 버린답니다. 쓰레기통에 버리면 다행이지만 때로는 그냥 길에 버리지요.
플라스틱 포장재는 400년이 걸려도 썩지 않고 매립지를 오염시키죠. 또한 길에 버려진 쓰레기는 쥐를 끌어들여 전염병을 퍼뜨립니다.

이렇게 하세요

· 일회용 접시나 일회용 수저를 쓰지 않는 식당을 이용하세요. 만일 패스트푸드가 정말 먹고 싶다면 포장재는 재활용수거함에 버리고 공짜 플라스틱 장난감은 받지 마세요. 결국은 버릴 테니까요.

You can save the planet

38. 유행을 따라가지 말고 만들어 보세요

청바지를 사고 싶으세요? 그럼 그 전에 다음을 읽어 보세요.

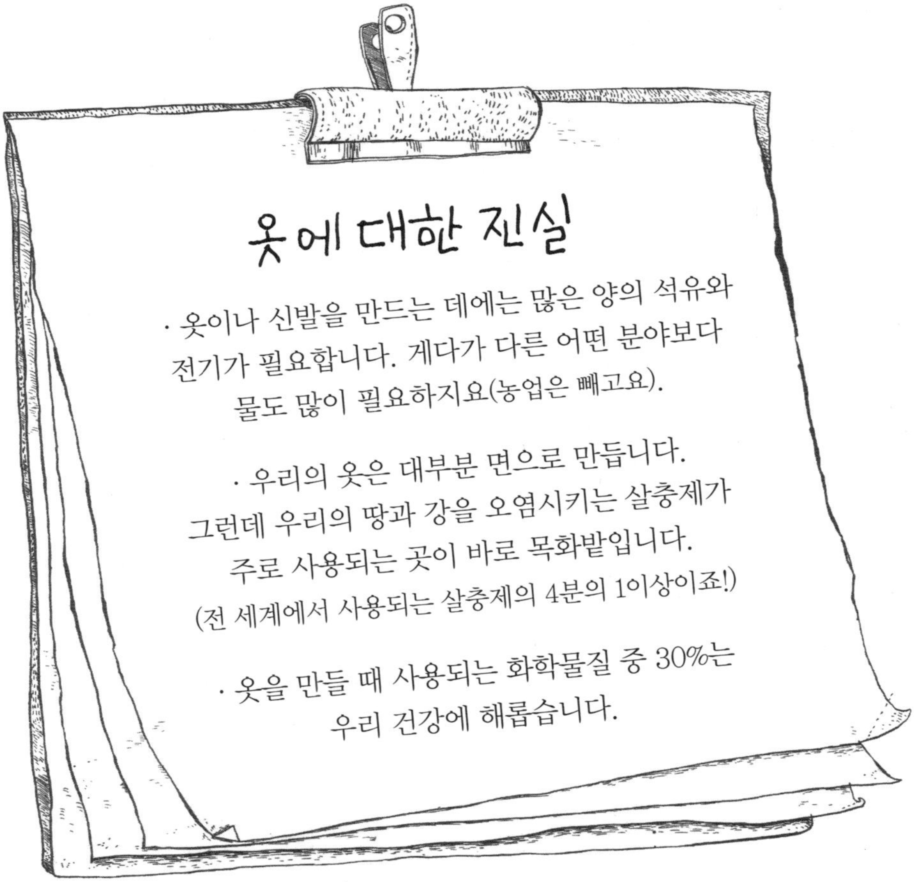

옷에 대한 진실

· 옷이나 신발을 만드는 데에는 많은 양의 석유와 전기가 필요합니다. 게다가 다른 어떤 분야보다 물도 많이 필요하지요(농업은 빼고요).

· 우리의 옷은 대부분 면으로 만듭니다. 그런데 우리의 땅과 강을 오염시키는 살충제가 주로 사용되는 곳이 바로 목화밭입니다.
(전 세계에서 사용되는 살충제의 4분의 1이상이죠!)

· 옷을 만들 때 사용되는 화학물질 중 30%는 우리 건강에 해롭습니다.

이렇게 하세요

· 옷에 대한 맹세를 복사해 옷장 문에 붙여 놓으세요.

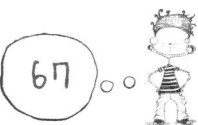

옷에 대한 맹세

· 유행을 좇느라 지구를 오염시키지 않겠습니다.

· 이제 옷을 조금만 사겠습니다. 정말 필요한 것만!

· 잘 안 입는 옷은 자신만의 개성이 들어간 예쁜 옷으로 변형해 입겠습니다.

· 내게 맞지 않는 옷은 자선 단체에 주겠습니다.

· 구멍이 나면 꿰매 입겠습니다. 대신 예쁘게 꿰매야죠.

· 할머니가 떠준 스웨터를 입겠습니다.

· 낡거나 찢어진 옷은 걸레로 만들어 재활용하겠습니다.

You can save the planet

39. 드라이클리닝은 하지 마세요

세탁소에서는 화학물질로 옷의 얼룩을 제거합니다. 불행히도 이런 화학물질(휘발성 유기화학물volatile organic compounds 또는 VOC라고 합니다)은 우리 지구에 정말 없애기 힘든 얼룩을 만듭니다. 하늘을 갈색으로 바꾸어 버리거든요. 그럼 이런 추한 진실들에 대해 한 번 알아볼까요?

드라이클리닝에 관한 추한 진실

- VOC는 공기 중에서 산화질소와 섞여 오존을 만듭니다. 오존은 갈색의 안개처럼 보입니다.

- 드라이클리닝에 사용되는 테트라클로로에틸렌은 암을 유발할 수 있습니다.

- 세탁소에서 찾아온 옷에는 테트라클로로에틸렌이 남아 있어서 입을 때 냄새가 날지 모릅니다.

- 세탁소에서는 세탁한 옷을 옷걸이에 건 다음 비닐에 넣습니다. 정말 낭비죠!

만일 여러분의 가족이 드라이클리닝만 할 수 있는 옷을 사려 하면 그 때문에 지구에 어떤 영향이 미치는지 설명해 주세요.

40. 환경을 생각하는 제품을 사세요

어떤 디자이너들은 유기농 재료와 환경 친화적인 염료로 옷을 만들어 지구를 구하는 데 앞장서고 있습니다. 여러분이 자주 가는 옷가게에 편지를 보내 그 곳이 얼마나 환경을 생각하는지 알아보세요.

친애하는 사장님께

저는 올해 당신 가게에서 나쁜 옷을 샀습니다.
당신 가게에서 파는 옷들이 정말 마음에 듭니다.
하지만 패션 산업이 지구에 정말 나쁜 짓을 하고 있다는
이야기를 들었거든요(지금까지는 그랬다는 거죠).

몇 가지 질문이 있는데 답을 해 주세요.
a) 유기농 면으로 만든 옷을 파시나요?
b) 재활용 재료를 사용하시나요?
c) 피부나 환경에 나쁜 화학물질을 사용하시나요?

감사합니다. 답장을 받기 전까지는
당신 가게에서 옷을 사지 않을 거예요!

You can save the planet

41. 활엽수를 해치지 마세요

　가구를 사기 전에는 어떤 나무로 만들었는지 확인하세요. 플랜테이션이나 개간된 숲에서 자란 나무로 만든 테이블이라면 사도 좋아요.
　하지만 '티크'나 '마호가니' 같은 귀한 활엽수로 만든 가구라면 사지 마세요. 그런 나무들은 지금 위험에 빠져 있습니다. 여러분이 그 오래된 나무들이 이 땅에 계속 서 있을 수 있도록 도와주세요.

이렇게 하세요

· 나무로 만든 물건들(가구뿐 아니라 종이도)이 FSC 마크를 달고 있는지 확인하세요. FSC 마크는 지속가능한 숲에서 자란 나무로 만들어야 붙일 수 있거든요. 홈디팟과 이케아 같은 큰 가구회사는 이제 지속가능한 숲에서 벤 나무를 씁니다.

· 옛날 가구를 흉내낸 가구를 사지 마세요. 대신 진짜 옛날 가구를 사세요. 새 가구를 만들려면 나무를 베야 하지만 중고 제품을 사면 나무를 베지 않아도 됩니다.

· 멀쩡한 가구는 버리지 말고 다른 사람이 쓸 수 있게 해 주세요. 그러려면 자선단체나 경매에 내놓으면 되겠죠?

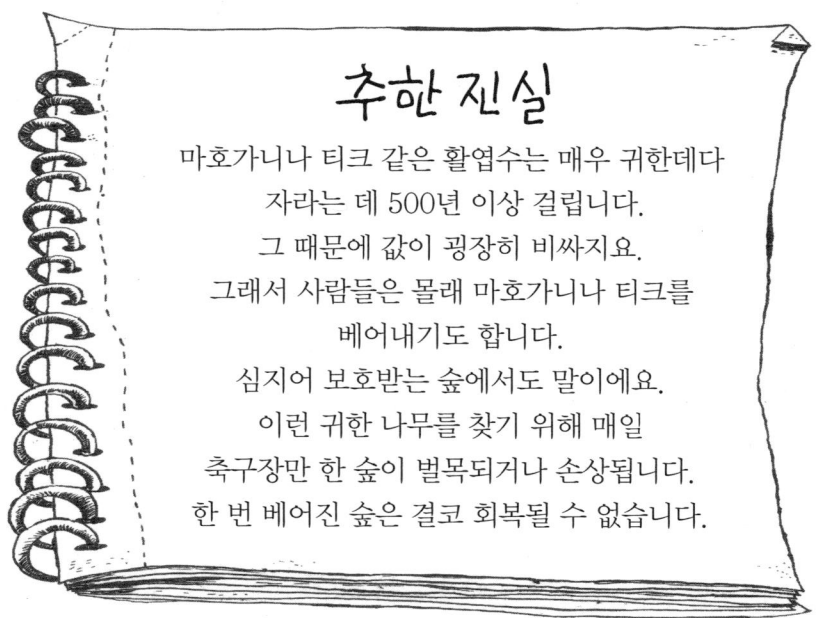

추한 진실

마호가니나 티크 같은 활엽수는 매우 귀한데다 자라는 데 500년 이상 걸립니다.
그 때문에 값이 굉장히 비싸지요.
그래서 사람들은 몰래 마호가니나 티크를 베어내기도 합니다.
심지어 보호받는 숲에서도 말이에요.
이런 귀한 나무를 찾기 위해 매일 축구장만 한 숲이 벌목되거나 손상됩니다.
한 번 베어진 숲은 결코 회복될 수 없습니다.

You can save the planet

42. 새것만 좋아하지 마세요

새로운 기계나 장난감은 재미있습니다. 음, 처음에는 그렇죠. 하지만 그것들이 정말 필요할까요?

집에서 사용하지 않는 물건들의 목록을 만들어 보세요. 가족에게 그 물건을 마지막으로 쓴 게 언제인지 물어보세요.

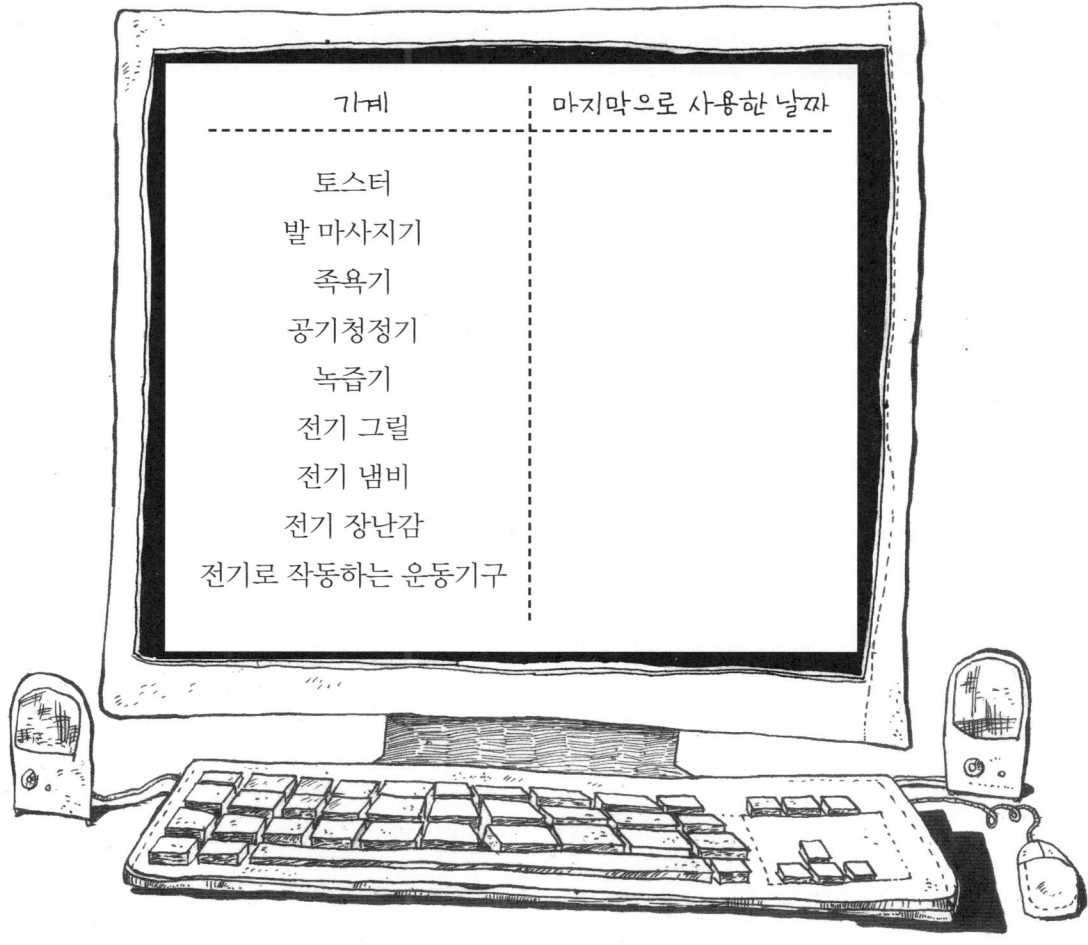

가계	마지막으로 사용한 날짜
토스터	
발 마사지기	
족욕기	
공기청정기	
녹즙기	
전기 그릴	
전기 냄비	
전기 장난감	
전기로 작동하는 운동기구	

가족이 더 이상 사용하지 않는 물건들은 정리하세요. 버리지는 말고 벼룩시장, 자선단체에 내놓거나 인터넷 중고 매장에 파세요. 누군가 이 물건들을 가져가면 쓸데없이 새로 사지는 않겠지요?

마지막으로 가족이 무언가를 사기 전에 한 번 더 생각하게 하세요. 그래야 물건들이 집 안에 굴러다니지 않지요.

43. 에너지 효율적인 제품을 쓰세요

부모님이 가전제품을 살 때에는 꼭 따라가세요. 여러분이 해야 할 중요한 일이 있답니다.

부모님이 에너지 효율적인 제품을 사게 하세요. 예를 들어 에너지 효율이 높은 냉장고를 사용하면 연간 이산화탄소 배출량을 2분의 1톤 정도 줄일 수 있습니다.

물건을 사기 전에 그 물건이 얼마나 에너지 효율적인지 알아보아야 합니다. 에너지 절약마크가 붙어 있는지, 아니면 에너지 소비량이 표시되어 있는지 찾아보세요.

그런 표시가 보이지 않으면 점원에게 꼭 물어보세요.

44. 가전제품은 알고 사용하세요

에너지 효율이 높은 가전제품을 구입했다면 에너지를 효율적으로 사용해야겠지요. 예를 들어 집에서 사용하는 전기의 약 20%는 냉장고가 잡아 먹는답니다.

여러분의 냉장고를 살펴보고 다음 질문에 답해 보세요.

냉장고는 잘 쓰고 있나요?

	예	아니요
냉장고의 온도는 제품설명서에 적혀 있는 적정기온에 맞춰져 있습니까?	☐	☐
냉장고에는 음식이 적당히 들어가 있습니까? (완전히 채우는 것보다는 반만 채워야 전기가 적게 돌아가요.)	☐	☐
냉장고는 적당한 곳에 설치되어 있습니까? (온풍기나 오븐 옆에 설치되면 더 많은 전기를 소비하게 돼요.)	☐	☐
정기적으로 냉장고의 성에를 제거하나요? (그렇지 않으면 냉동실 안의 문들이 제대로 닫히지 않아요.)	☐	☐

새 냉장고를 산다면 헌 냉장고는 잘 버려야 해요.

헌 냉장고가 고장 나지 않았으면 필요한 사람에게 주세요.

클로로플루오르카본(CFCs)은 냉장고, 에어컨, 에어로졸 등에 쓰이는 화학물질이에요. 공기 중에 방출되면 오존층을 파괴하지요.

아래를 보세요. 냉장고에서 CECs를 제거하려면 특별한 장비가 필요합니다. 만일 여러분의 냉장고가 정말 낡았다면 동사무소에 신고하고 버리세요.

오존층

오존은 산소로 구성되어 있습니다. 지표에서 15~35 킬로미터 상공에 있어서 지구를 태양의 해로운 빛, 특히 자외선(UV)으로부터 지켜 주지요. 자외선은 피부암의 원인이 되거든요.

아주 적은 양의 오존층이 파괴될 때마다 태양으로부터 더 많은 양의 UV가 지구에 닿게 된답니다. 그러면 온도가 올라가면서 기후가 변하게 되지요.

45. 깨끗한 크리스마스

산타 할아버지께

환경을 생각하는 새로운 한해를 기원하며 크리스마스 선물로 이런 것들을 받고 싶어요.

· 새들에게 모이를 줄 수 있는 테이블(재활용 나무로 만든)

· 텃밭을 가꿀 수 있는 예쁜 화분과 씨앗

· 집에서 따뜻하게 신을 수 있는 모직 양말

· 유기농 면 잠옷(화학물질로 지구를 오염시키지 않았겠죠?)

P.S. 저 대신 위험에 빠진 동물을 지켜 주세요.

46. 선물을 주고 받을 때도 환경을 생각하세요

정말 환경을 사랑한다면 한 가지는 지켜 주세요. 크리스마스와 생일에는 선물을 달라고 조르지 마세요. 대신 작년에 받은 선물들이 어떻게 되었는지 생각해 보세요. 아마 잊어 버렸거나 부서졌거나 지겨워진 것들이 많을 거예요.

올해에는 버려질 선물들은 받지 마세요. 대신 동물원이나 야구장이나 극장에 가자고 하세요.

아, 그리고 여러분들도 사랑하는 사람들에게 선물을 주지 마세요. 대신 행동으로 무엇인가를 해 주세요. 아빠의 차를 세차하거나 할머니의 방을 정리하거나 엄마의 부엌일을 거들어 주세요.

47. 직접 만들어 쓰세요

우리가 매일 사용하는 비누, 샴푸 같은 물건 중에는 환경에 해로운 것들도 많답니다. 어떤 물건은 우리 몸에도 좋지 않아요. 그 안에 들어 있는 화학물질이 피부를 통해 우리 몸에 스며들거든요. 화학물질은 결국 물을 오염시키고 먹이사슬로 흘러들어가지요. 그렇게 되면 우리는 화학물질을 먹거나 마시게 됩니다.

그럼 천연재료로 직접 만들어 써 보는 건 어떨까요?

헤어컨디셔너를 예로 들어 볼게요. 여러분은 환경 친화적인 제품을 사거나 직접 만들어 쓸 수도 있어요. 머릿결이 나빠졌을 때 머리를 감은 후 여러분이 만든 헤어컨디셔너를 발라주세요.

참, 머리를 감을 때는 샴푸와 헤어컨디셔너를 조금만 쓰세요. 그래야 머리카락도 건강해지고 환경에도 이롭답니다.

컨디셔너 만드는 법 1

아보카도를 으깨서 마요네즈와 섞으세요.

머리를 감은 후 발라주세요.

잘 헹구세요.

컨디셔너 만드는 법 2

꿀 한 숟가락, 계란 노른자 하나, 올리브오일 두 숟가락을 잘 섞어 주세요.

머리에 바르고 30분 후에 머리를 감습니다.

4장
아껴 쓰고, 다시 쓰고, 고쳐 쓰자

지구의 자원은 유한합니다.
그러니까 자원은 정해진 양밖에 없어서
한 번 쓰고 나면 되돌릴 수 없다는
뜻이에요. 매일 우리가 땅에서 파내는
금속, 보석, 석탄, 석유는 수백 년 만에
만들어진 것들입니다. 그래서 모두
사용해 버리면 더 이상 쓸 것이 없지요.

우리는 필요 없는 것은 사지 말아야
합니다. 또한 마구 버리는 대신
가능하면 고쳐서 다시 써야 합니다.
그리고 마지막으로 가능하면 모든
자원은 재생해야 합니다.

48. 쓰레기 일기를 쓰세요

여러분의 가족이 내다버리는 쓰레기를 잘 들여다보세요. 기분 좋은 일은 아니지만 누군가는 해야 하는 일이랍니다. 쓰레기통을 점검하고 쓰레기 일기를 쓰세요.

쓰레기 일기

이번 주에 우리 가족은 쓰레기를 _____봉지 버렸습니다.

- 재생할 수 있는 것들

  : _____

- 다른 용도로 쓸 수 있는 것들

  : _____

- 사지 말았어야 했던 것들

  : _____

You can save the planet

49. 쓰레기가 썩는 모습을 관찰하세요

쓰레기가 썩는 데 시간이 얼마나 걸리는 지 실험해 볼까요? 마당을 조금 판 후 다음과 같은 것을 묻어 보세요.

사과 · 바나나 · 달걀껍데기 · 티백 · 헌 신발 · 모직물로 만든 모자나 장갑 · 신문 광고지 · 두루마리 화장지 속심 · 통조림 깡통 · 비닐포장지 · 플라스틱 병 · 비닐봉지

규칙적으로 파묻은 물건을 꺼내 보고 그 사이에 어떤 변화가 있었는지 확인하세요. 그리고 각각의 물건이 썩는 데 시간이 얼마나 걸렸는지 기록해 보세요.

어떤 물건이 썩는 데 걸리는 시간은 다음과 같아요.

* 종이는 2~5개월이 걸린다.
* 오렌지 껍질은 6개월이 걸린다.
* 우유팩은 5년이 걸린다.
* 담배꽁초는 10년이 걸린다.
* 통조림 깡통은 100년이 걸린다.
* 알루미늄캔은 200~500년이 걸린다.
* 플라스틱 통은 450년이 걸린다.
* 스티로폼은 500년이 걸린다.
* 비닐봉지는 500~1000년이 걸린다.
* 폴리 프로필렌 컵은 결코 썩지 않는다.

50. 유리를 재활용하세요

전 세계에 있는 거대한 용광로에서 매일 100만 개 이상의 유리병이 생산됩니다. 유리병이 얼마나 많이 버려지는지 생각해 보세요. 집에 들어오는 유리병은 모두 재활용해야 합니다.

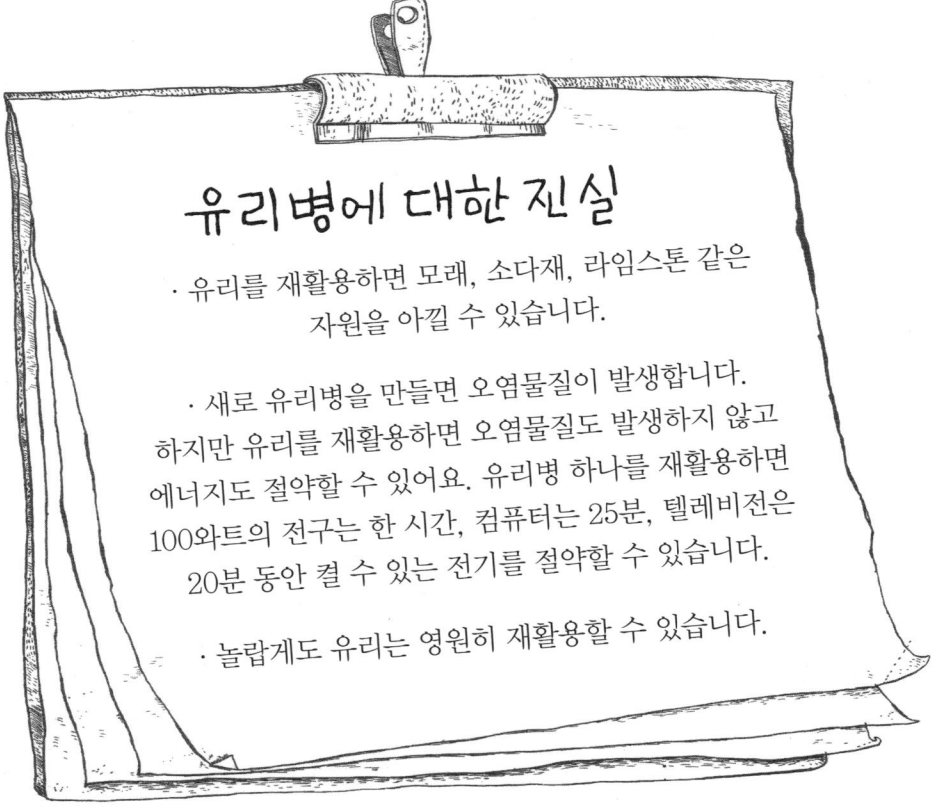

유리병에 대한 진실

- 유리를 재활용하면 모래, 소다재, 라임스톤 같은 자원을 아낄 수 있습니다.

- 새로 유리병을 만들면 오염물질이 발생합니다. 하지만 유리를 재활용하면 오염물질도 발생하지 않고 에너지도 절약할 수 있어요. 유리병 하나를 재활용하면 100와트의 전구는 한 시간, 컴퓨터는 25분, 텔레비전은 20분 동안 켤 수 있는 전기를 절약할 수 있습니다.

- 놀랍게도 유리는 영원히 재활용할 수 있습니다.

유리병을 버리기 전에 깨끗이 씻어 주세요. 그리고 뚜껑을 벗긴 후 투명유리, 갈색유리, 초록유리로 분류해 주세요.

51. 캔으로 할 수 있는 일들

2001년 영국에서는 30억 개의 알루미늄 캔이 매립지에 묻혔습니다. 이 알루미늄 캔이 모두 썩으려면 수천 년이 걸립니다. 이제 여러분이 이 캔들을 재활용하세요.

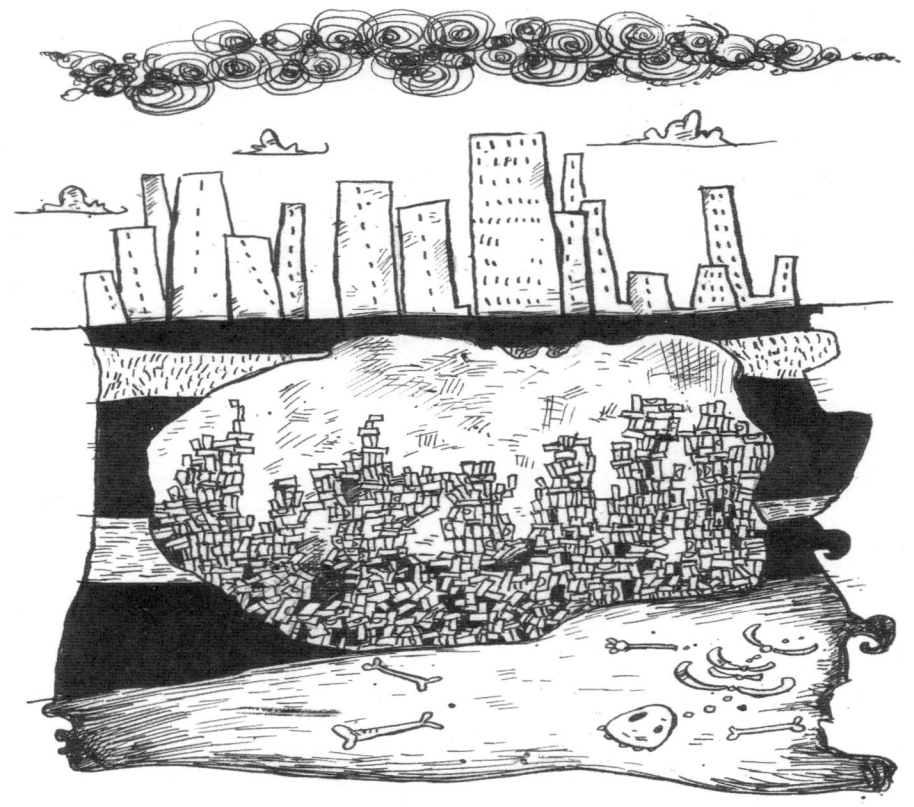

지상의 고층빌딩이 아닌 지하의 쓰레기 더미 때문에 우리는 큰 위기에 처해 있습니다.

이렇게 하세요

· 탄산음료를 정말 마셔야 할까요? 물론 아니죠. 몇 번이고 재활용할 수 있는 물통에 물을 담아 마시세요.

· 통조림 말고 신선한 과일과 채소를 사세요. 부모님이 햇빛도 못 본 과일통조림이나 생선통조림으로 찬장을 채우지 않게 하세요.

52. 플라스틱 고리를 분리수거 하세요

음료를 살 때 플라스틱 고리로 몇 개씩 묶여 있었나요? 그렇다면 고리를 벗겨낸 후 잘라서 분리수거를 하세요. 작은 동물이나 새는 그냥 버려진 플라스틱 고리에 목이 졸려 죽을 수 있습니다.

53. 분리수거를 하세요

동네 쓰레기장이나 재활용센터를 구경하세요. 무엇이 버려지고 무엇이 재활용되는지 적어 두세요. 보통 유리, 양철, 플라스틱, 종이, 마분지가 재활용됩니다. 그리고 어떤 지역에서는 옷과 신발도 재활용됩니다.

이렇게 하세요

집에서 나오는 쓰레기를 분리수거하세요.

· 먼저 어떤 것들이 재활용될 수 있는지 알아보세요.

· 재활용할 것들을 목록으로 만들어 보세요. 가족들 모두에게 그 목록을 읽게 한 다음 쓰레기통 옆에 붙여 놓으세요.

· 동사무소에서 재활용품을 따로 모을 수 있게 상자나 가방을 주기도 합니다. 만일 그런 상자나 가방을 받지 못했다면 종이상자에 유리, 캔, 종이 등등이라고 써 붙이세요. 그리고 가족들에게 알려주세요.

· 가족이 분리수거를 잘하고 있는지 확인하세요.

54. 물물교환을 하세요

필요 없어진 장난감, 책, 게임 CD, DVD를 언제 마지막으로 정리했나요? 새로 사기 전에 이것들을 재활용할 수 없을지 확인해 보세요. 고칠 수 없을 정도로 망가지지 않았다면 버리지 마세요. 대신 자선단체에 기증하거나, 인터넷 중고시장 또는 벼룩시장에서 팔아 보세요?

DVD나 책은 도서관에서 빌리세요. 친구들끼리 필요 없어진 물건을 교환해도 좋고요. 누군가에게 필요하지 않는 물건이 여러분에게는 정말 필요할 수도 있거든요.

55. 종이를 아껴 쓰세요

우리가 가장 많이 버리는 게 뭔지 아세요? 바로 종이랍니다. 한 사람이 1년 동안 나무 일곱 그루 분량의 종이를 버리지요.

정말 어리석은 일이에요. 왜냐 하면 종이를 재활용하는 것은 정말 쉬운 일이거든요. 게다가 나무를 베어 새로 종이를 만드는 대신 종이를 재활용하면 에너지는 64%, 물은 58% 아낄 수 있어요.

이렇게 하세요

종이를 아낄 수 있는 방법

· 종이는 양면을 모두 사용하고, 쇼핑 목록을 적을 때에는 자투리 종이를 사용하세요.

· 가족에게 메시지를 남길 때는 포스트잇 대신 칠판을 사용하세요.

· 종이의 양면에 인쇄하세요. 프린터 옆에 빈 상자를 두고 이면지를 모으세요.

· 가능하면 벼룩시장이나 중고시장에서 책을 사세요.

· 책과 잡지는 돌려 보세요.

· 화장지, 키친타월, 노트, 포장지, 메모지는 재생지로 만든 것을 사세요.

· 꼭 출력해서 볼 문서가 아니라면 모니터로 확인하세요.

· 다시 사용할 수 없는 종이는 재활용하기 쉽게 잘 분리해 놓으세요. 우리가 신문을 모두 재활용한다면 1년에 2억 5000만 그루의 나무를 구할 수 있어요.

You can save the planet

56. 광고우편물은 받지 마세요

　기업은 여러분을 손님으로 만들기 위해 광고우편물을 보냅니다. 이런 광고우편물은 때로 골칫거리가 됩니다. 어떤 사람들은 광고우편물을 뜯지도 않고 바로 쓰레기통에 버리거든요.

이렇게 하세요

- 영국에는 광고우편물을 거부할 수 있는 제도가 있답니다. 아니면 우체국에 가서 수신자의 이름이 정확하게 적혀 있는 우편물만 받겠다고 이야기해도 되구요.

- 수도세나 가스 사용료와 같은 각종 청구서를 자동이체로 해 두세요. 괜한 종이낭비를 막을 수 있답니다.

- 가족들에게 우편보다는 이메일로 광고물을 받게 하세요.

- 광고지를 돌리는 사람이 읽을 수 있도록 대문에 이렇게 붙여놓으세요.

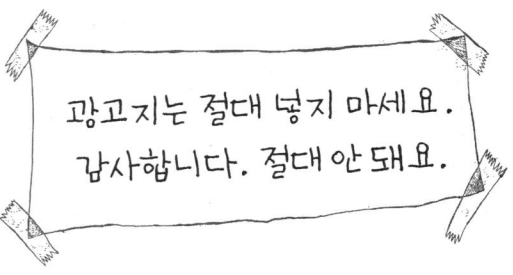

광고지는 절대 넣지 마세요.
감사합니다. 절대 안 돼요.

57. 카드를 보내지 마세요

멀리 있는 가족이나 친구에게서 카드를 받는 건 멋진 일이에요. 하지만 생일 카드와 크리스마스 카드가 정말 필요할까요? 해마다 수십만 그루의 나무가 크리스마스 카드를 만들기 위해 베어집니다.

이렇게 하세요

· 컴퓨터로 직접 카드를 디자인해 보세요. 그리고 그 카드를 이메일로 보내세요. 그러면 종이도 절약되고, 카드를 배달하느라 연료를 쓸 필요도 없고, 우표값도 아낄 수 있어요. 직접 카드를 만들 수 없다면 인터넷에서 E카드를 찾아보세요. 음악이나 그림이 들어간 멋진 E카드가 많을 거예요.

· 가족이나 친구에게 정말 카드를 주고 싶다면 재활용품으로 카드를 만들어 보세요.

58. 크리스마스 장식을 만들어 보세요

가게에서 파는 반짝이는 크리스마스 카드와 크리스마스 장식은 사지 마세요. 재활용이 안 되거든요. 대신 직접 만들어 보세요. 나중에 새들에게 모이로 줄 수 있는 재료를 이용해 보면 어떨까요?

· 팝콘이나 까지 않은 땅콩을 한 줄로 엮으세요.

· 밀가루반죽, 생강 빵, 귤로 장식을 만들어 보세요. 아니면 마분지로 만들어도 좋아요. 이렇게 만든 크리스마스 장식은 나중에 텃밭에 줄 거름을 만들 수 있어요.

· 집을 금박으로 장식하는 대신 호랑가시나무 가지나 상록수 가지로 장식해 보세요. 하지만 나무가 다치거나 작은 동물들이 살 수 없을 정도로 나뭇가지를 많이 자르지 마세요.

59. 봉투는 재활용하세요

봉투는 찢어지지 않게 조심스럽게 여세요. 봉투에 적힌 주소와 우표는 종이를 붙여 깨끗이 가리세요. 편지를 이 봉투에 넣으세요. 테이프로 봉투를 붙이세요.

아, 그리고 봉투가 찢어졌더라도 그냥 버리지 마세요.

그런 봉투를 모아 가운데 구멍을 뚫은 다음 리본으로 묶어 수첩으로 쓰면 되거든요.

60. 신발을 재활용하세요

거름 더미에 낡은 운동화를 올려 두고 썩는 데 시간이 얼마나 걸리는지 보세요.

아, 다시 생각해 보니 그렇게 하지 않는 게 좋을 것 같아요. 운동화 안에 벌레 가족이 사는 모습은 볼 수 있겠지요. 하지만 운동화가 썩는 모습을 보려면 정말 정말 오랫동안 지켜보아야 한답니다. 수백만 켤레의 신발들이 매일 매립지에 버려진다고 생각해 보세요. 영국에서만 매년 2억 6000만 켤레의 신발이 판매된답니다.

이렇게 하세요

· 버려지는 신발 중에는 멀쩡한 것들이 많습니다. 새것처럼 멀쩡한 운동화나 거의 신지 않은 운동화를 친구들에게 주거나, 자선단체에 보내세요. 학교에서 필요 없는 운동화나 신발을 모으면 어떨까요? 신발을 자선단체에 보내기 전에는 두 짝을 잘 묶어 주세요.

61. 쇼핑백은 받지 마세요

폴리에틸렌으로 만든 쇼핑백이 우리 지구를 가장 심하게 오염시킵니다. 미국에서만 연간 약 1000억 개의 쇼핑백이 버려지고 영국에서는 한 사람이 1년에 평균 134개의 쇼핑백을 사용합니다.

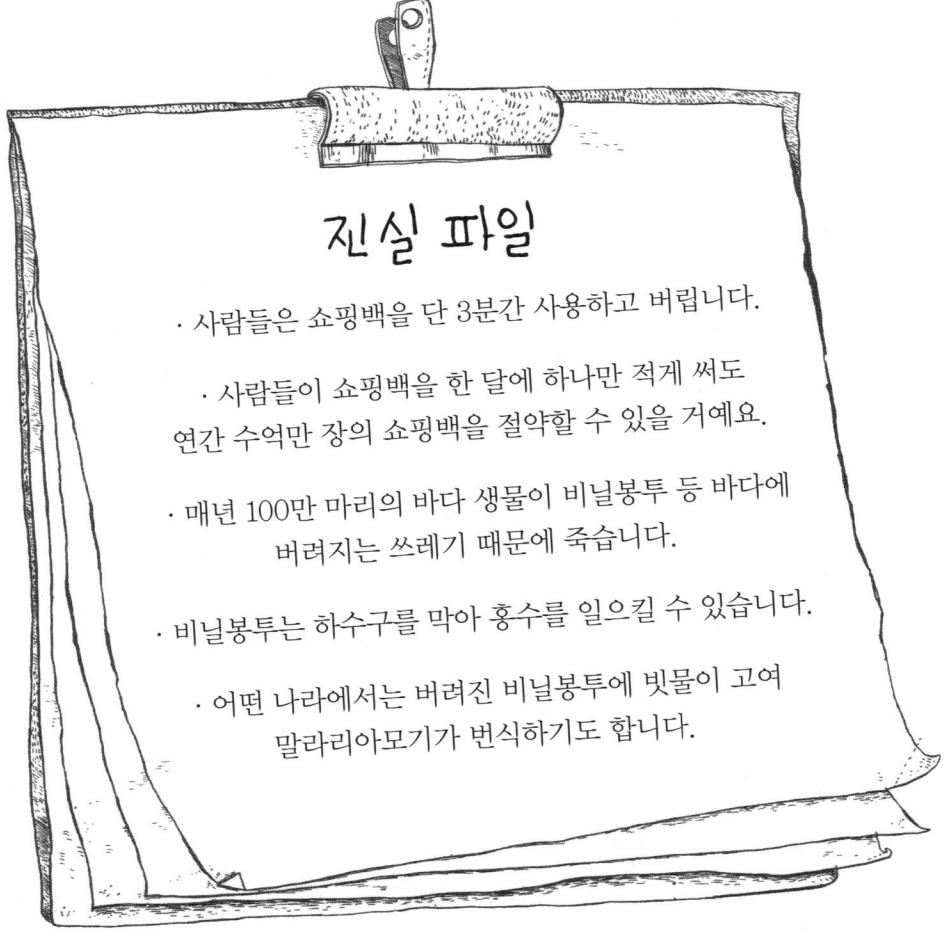

진실 파일

- 사람들은 쇼핑백을 단 3분간 사용하고 버립니다.
- 사람들이 쇼핑백을 한 달에 하나만 적게 써도 연간 수억만 장의 쇼핑백을 절약할 수 있을 거예요.
- 매년 100만 마리의 바다 생물이 비닐봉투 등 바다에 버려지는 쓰레기 때문에 죽습니다.
- 비닐봉투는 하수구를 막아 홍수를 일으킬 수 있습니다.
- 어떤 나라에서는 버려진 비닐봉투에 빗물이 고여 말라리아모기가 번식하기도 합니다.

이렇게 하세요

- 튼튼한 장바구니를 몇 개 준비하세요.

- 가족들에게도 장바구니를 하나씩 나누어주고(튼튼해서 몇 번이고 재활용할 수 있는 비닐 가방도 괜찮아요) 가게에 갈 때마다 꼭 들고 가게 하세요.

- 폴리에틸렌 상자에 포장되어 있지 않은 과일과 채소를 사세요. 하지만 과일이나 채소를 다시 비닐봉투에 담는다면 그 모든 노력이 소용없겠지요? 과일이나 채소는 그냥 장바구니에 담으세요.

- 집에 가져온 비닐봉투는 다음에 쇼핑할 때 재활용하세요.

비닐봉투 대신 종이봉투를 사용하는 게 훨씬 좋아.

아니야.
종이봉투를 만들려면 비닐봉투를 만들 때보다 네 배나 많은 에너지가 필요해.

62. 비닐봉투는 싫어요

동네 슈퍼마켓에 편지를 쓰세요. 친구들에게도 편지를 쓰게 하세요.

주인아저씨께

지구를 살리기 위해서는 비닐봉투의 사용을 줄여야 합니다. 그래서 아저씨가 해 주셨으면 하는 일이 두 가지 있습니다.

1. 장바구니를 만들어 손님들에게 판매하세요.

2. 비닐봉투는 절대 공짜로 주지 마세요.

비닐봉투를 공짜로 주지 않고 판매하는 나라에서는 그 사용량이 90%나 줄었다고 합니다.

감사합니다.

You can save the planet

63. 바퀴 달린 쇼핑백을 쓰세요

가게에서 비닐봉투를 주면 필요 없다고 거절하세요.

그리고 부모님에게 바퀴 달린 쇼핑백을 사자고 해서 슈퍼에 갈 때마다 가져가세요.

그렇게 하다 보면 바퀴 달린 쇼핑백이 유행이 될 거예요.

64. 리필을 하세요

쓰레기 중 3분의 1은 포장재랍니다.

여러 회사에서는 설탕 등 탄수화물을 이용하여 썩는 플라스틱을 개발했어요. 썩는 플라스틱은 땅에 묻은 후 몇 달이 지나면 썩어 버리지요. 하지만 썩는 플라스틱을 만들려면 돈이 많이 듭니다. 그러니 가능하면 포장을 많이 하지 않는 게 좋아요.

이렇게 하세요

· 리필할 수 있는 제품을 찾아보세요. 그러면 똑같은 용기를 계속 사용할 수 있거든요.

· 커피 가게에서는 종이컵을 사용합니다. 여러분의 부모님에게 여행용 컵을 선물하세요. 그리고 커피 가게에 갈 때마다 종이컵 대신 여행용 컵에 커피를 받으라고 하세요.

· 모든 제품이 포장이 되어 있다면 플라스틱보다는 마분지로 포장된 제품을 고르세요.

유럽에서는 매년 1억 대의 휴대전화가 버려집니다. 그 중 단 5%만이 재활용되고 나머지는 매립지로 보내집니다. 휴대전화에 들어 있는 귀한 금속들도 그대로 버려지지요(금과 은까지).

휴대전화에는 귀한 금속도 들어 있지만 카드뮴, 수은, 납, 비소 같은 독성 금속도 들어 있습니다. 이들은 땅속으로 흘러들어가 물을 오염시킵니다.

이렇게 하세요

· 휴대전화가 아직도 쓸 만하다면 새로 구입하지 마세요.

· 휴대전화를 새로 구입하고 싶다면 헌 휴대전화는 자선단체에 보내서 재활용하세요. 아니면 여러분의 휴대전화를 사 주는 인터넷 중고시장을 찾아도 되고요.

· 학교에서 헌 휴대전화를 모아 보면 어떨까요? 집집마다 서랍 깊숙이 얼마나 많은 휴대전화가 숨겨져 있는지 알게 되면 깜짝 놀랄 거예요.

휴대전화 배터리 하나가 무려 15만 8000갤런의 물을 오염시킬 수 있답니다.

66. 충전지를 사용하세요

일반 건전지에는 토양을 오염시킬 수 있는 위험한 물질들이 들어 있습니다. 건전지는 충전해서 쓸 수 있는 것으로 사세요. 몇 번이고 다시 사용할 수 있거든요.

67. 컴퓨터를 재활용하세요

매일 여러분의 집에서 얼마나 많은 에너지가 낭비되는지 살펴보고 기록해 보세요.

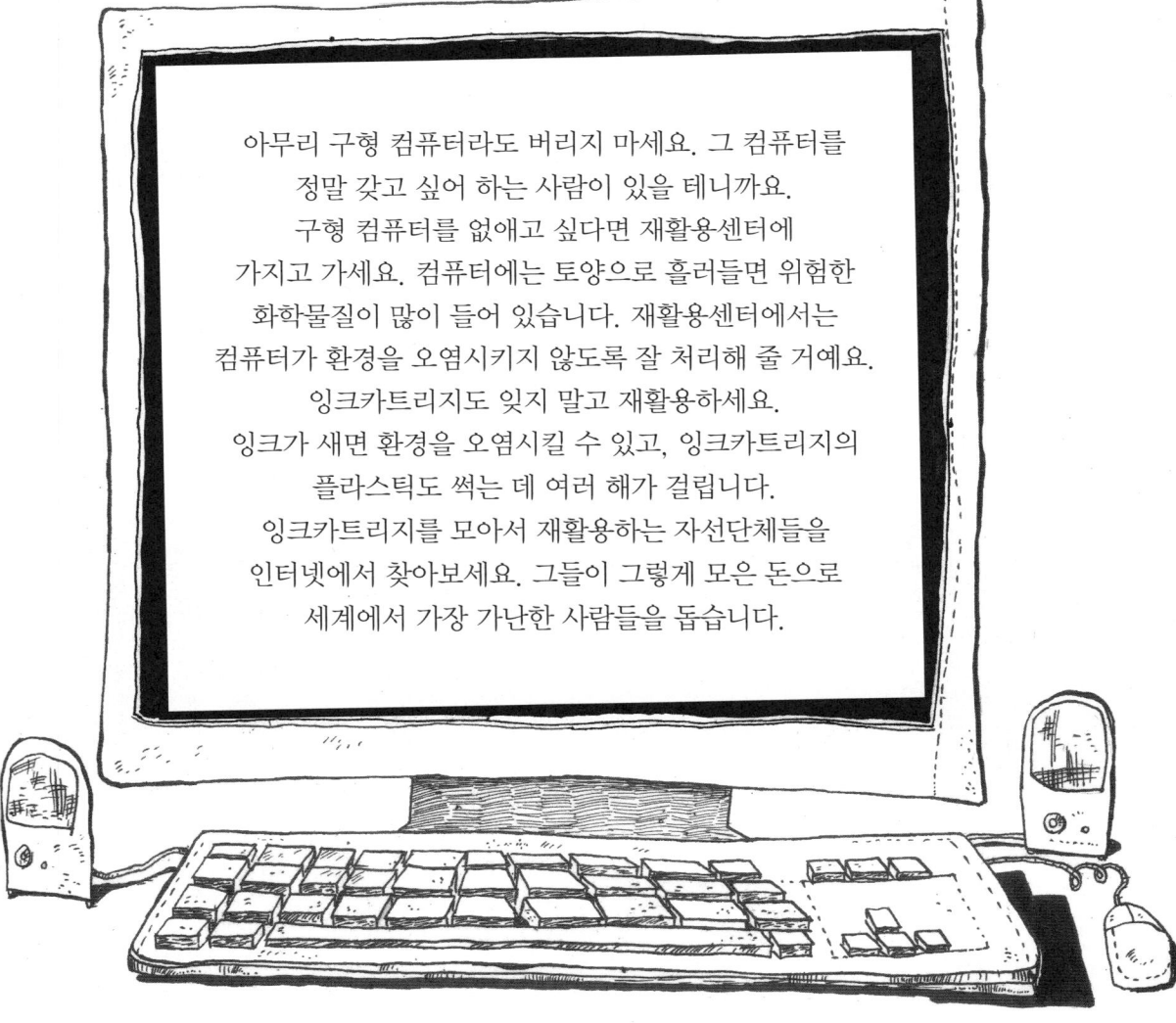

아무리 구형 컴퓨터라도 버리지 마세요. 그 컴퓨터를 정말 갖고 싶어 하는 사람이 있을 테니까요.
구형 컴퓨터를 없애고 싶다면 재활용센터에 가지고 가세요. 컴퓨터에는 토양으로 흘러들면 위험한 화학물질이 많이 들어 있습니다. 재활용센터에서는 컴퓨터가 환경을 오염시키지 않도록 잘 처리해 줄 거예요.
잉크카트리지도 잊지 말고 재활용하세요.
잉크가 새면 환경을 오염시킬 수 있고, 잉크카트리지의 플라스틱도 썩는 데 여러 해가 걸립니다.
잉크카트리지를 모아서 재활용하는 자선단체들을 인터넷에서 찾아보세요. 그들이 그렇게 모은 돈으로 세계에서 가장 가난한 사람들을 돕습니다.

68. 쓰레기를 창의적으로 재활용하는 방법

쓰레기를 창의적으로 재활용하는 방법을 소개합니다.

5장
지구를 더럽히지 마세요

독성 물질이 지구를 파괴하고 있습니다.
공장에서 뿜어내는 유해한 화학물질이
대기를 더럽히고 있고 사람들이 버린
쓰레기가 강을 뒤덮고 있습니다.
사람들을 전 세계로 이동시켜주는
비행기나 자동차도 유독한 가스를
대기에 내뿜습니다.
지구를 오염시키는 물질은 매일 점점
더 많이 배출되고 있습니다.

여기서는 사람들이 지구를 어떻게
다루고, 전 세계를 어떻게 이동하는지
살펴볼 거예요. 잘 읽어 보고 어떻게
해야 우리 지구를 깨끗하게 지킬 수
있을지 생각해 보세요.

69. 해변을 살립시다

바다는 유해한 화학물질과 하수로 심각하게 오염되고 있습니다. 해양생물, 심지어 바다에서 헤엄치는 사람들조차 고통을 받고 있습니다.

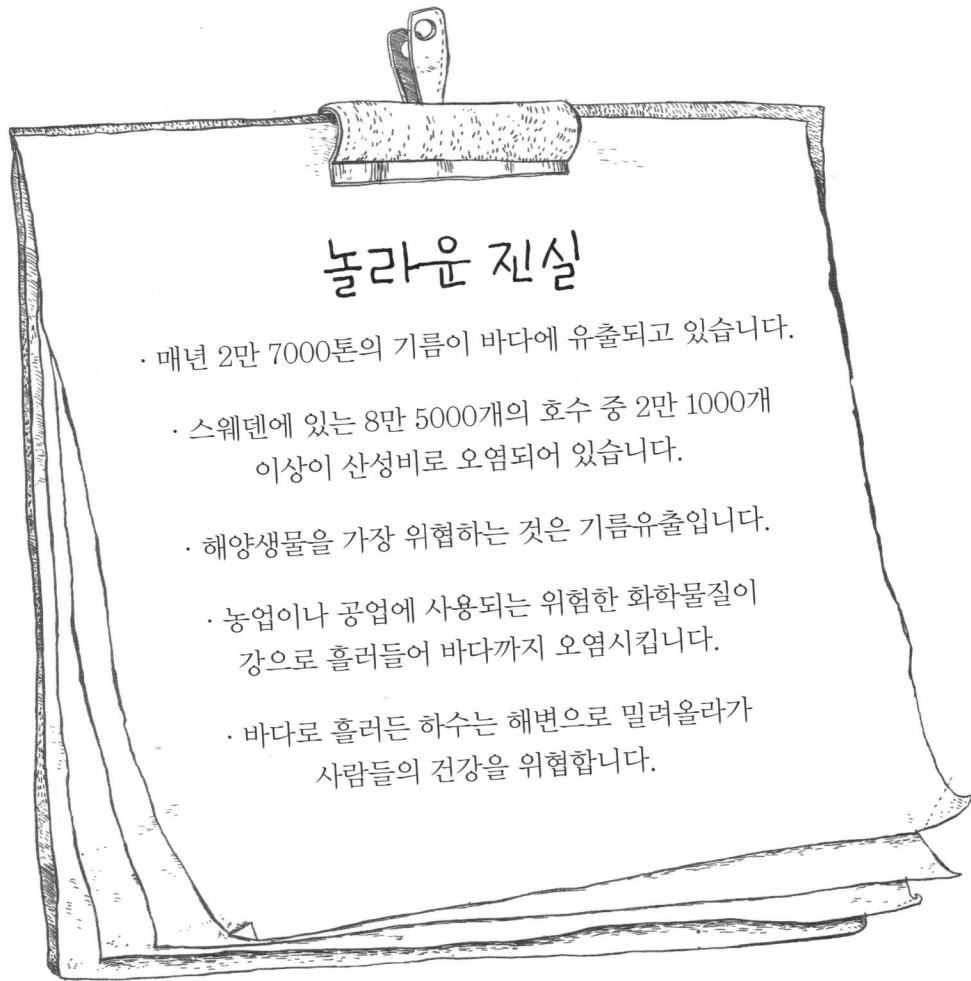

놀라운 진실

· 매년 2만 7000톤의 기름이 바다에 유출되고 있습니다.

· 스웨덴에 있는 8만 5000개의 호수 중 2만 1000개 이상이 산성비로 오염되어 있습니다.

· 해양생물을 가장 위협하는 것은 기름유출입니다.

· 농업이나 공업에 사용되는 위험한 화학물질이 강으로 흘러들어 바다까지 오염시킵니다.

· 바다로 흘러든 하수는 해변으로 밀려올라가 사람들의 건강을 위협합니다.

You can save the planet

이렇게 하세요

해변을 깨끗하게 지키려면

· 해변에 쓰레기를 남기지 마세요. 쓰레기는 집으로 가져오세요. 예를 들어, 만일 비닐봉투나 풍선이 바다로 날아 들어가면 바다생물들은 그걸 먹이로 생각합니다. 이런 걸 먹고 나면 바다생물은 배가 부르다고 착각하여 아무 것도 먹지 않게 되고 결국은 굶어 죽습니다.

· 환경단체에 가입하여 해변을 청소하세요.

70. 강을 살립시다

여러분은 바닷가에 살지 않는다고요? 그럼 대신 여러분이 살고 있는 지역의 강, 호수, 연못을 보호하는 데 앞장서세요. 만일 수로가 나뭇가지나 쓰레기로 막혀 물이 자유롭게 흘러가지 못한다면 물이 썩어가면서 동식물들이 죽게 됩니다.

여러분의 지역에도 강, 호수, 개천을 돌보는 단체들이 있을 거예요. 그런 곳에 가입하면 환경을 보호할 수 있을 뿐 아니라 지구를 살리기 위해 열심히 뛰는 멋진 사람들을 만날 수 있을 거예요.

71. 학교를 살리세요

학교에서 친구들과 환경 보호 모임을 만드세요. 근처에 강이나 숲이나 해변같이 특별히 아름다운 자연환경이 없다면 학교에 있는 정원을 보호하는 건 어떨까요?

친구와 함께 사람들이 흘린 쓰레기를 치우세요. 살충제를 쓰지 말고 환경 친화적인 방법으로 해충이나 잡초를 없애자고 선생님에게 이야기해 보세요.

72. 메탄 경보

양이나 소 같은 동물들은 트림을 하거나 방귀를 뀔 때 메탄을 만들어 냅니다. 불행히도 메탄도 온실가스의 일종입니다.

인구가 늘면서 옷과 음식을 생산하기 위해 더 많은 가축이 필요해졌어요. 그러니 트림이나 방귀를 뀌는 횟수도 늘었고 덩달아 해로운 온실가스인 메탄의 양도 늘었어요.

메탄가스는 그 분자 하나하나가 이산화탄소보다 25배 많은 태양열을 가두어 둔답니다.

이렇게 하세요

· 고기를 적게 먹으면 방귀 뀌는 동물을 많이 기르지 않아도 돼요.

· 새 옷은 조금만 사고 가능하면 재활용된 재료로 만든 옷을 고르세요. 만일 모든 영국인이 재활용된 모직 점퍼를 하나씩만 산다면 3억 7100만 갤런의 물, 480톤의 화학염료, 일반 가정집이 47억 5100만 일 동안 쓸 수 있는 전기를 아낄 수 있어요. 오스트레일리아에만 양모와 메탄을 생산하는 양이 1억 1400만 마리나 있습니다.

· 방귀 뀌는 사람은 벌을 주세요~. 농담이에요!

73. 산성비를 줄입시다

발전소, 공장, 자동차가 연료를 태울 때 온실가스가 대기 중에 배출됩니다. 이런 가스 중 일부가 구름 속의 수분과 반응하여 황산과 질산을 만들고 이 때문에 산성비가 내리게 됩니다.

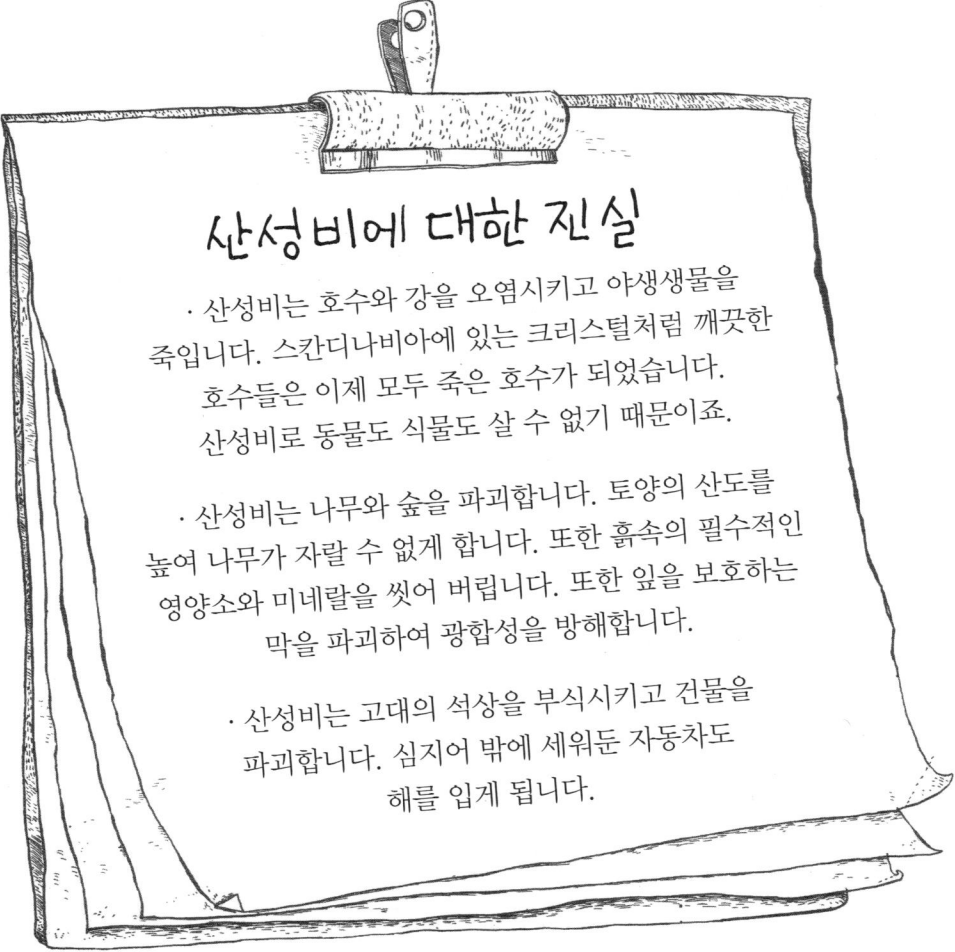

산성비에 대한 진실

- 산성비는 호수와 강을 오염시키고 야생생물을 죽입니다. 스칸디나비아에 있는 크리스털처럼 깨끗한 호수들은 이제 모두 죽은 호수가 되었습니다. 산성비로 동물도 식물도 살 수 없기 때문이죠.

- 산성비는 나무와 숲을 파괴합니다. 토양의 산도를 높여 나무가 자랄 수 없게 합니다. 또한 흙속의 필수적인 영양소와 미네랄을 씻어 버립니다. 또한 잎을 보호하는 막을 파괴하여 광합성을 방해합니다.

- 산성비는 고대의 석상을 부식시키고 건물을 파괴합니다. 심지어 밖에 세워둔 자동차도 해를 입게 됩니다.

산성비를 막기 위해서는 이 책에 소개된 대로 연료를 아끼고 에너지를 보존해야 합니다.

아, 그리고 자동차를 집 밖에 세워두었다면 산성비를 맞지 않도록 차고에 넣어 두세요.

74. 자동차는 세워두세요

사람들이 차를 타고 이동하는 거리는 대부분 8킬로미터도 안 됩니다. 8킬로미터는 걷거나 자전거로 충분히 갈 수 있는 거리죠. 자동차가 휘발유 1갤런(3.785298리터)을 연소할 때마다 9킬로그램의 이산화탄소가 배출됩니다. 이런 사실을 모르기 때문에 사람들은 짧은 거리도 자동차를 타지요.

쓸데없이 차를 타지 마세요. 가능하면 차는 집에 두고 다니라고 부모님을 설득하세요. 부모님에게 자동차 없이 주말을 보내자고 하세요.

75. 친구들과 차를 함께 타세요

같은 동네에 살고 같은 학교에 다니는 친구들에게 이야기하세요. 등교할 때 함께 차를 타자고요. 그러니까 집집마다 돌아가면서 한 번씩 아이들을 차에 태워 등교시키는 거지요. 친구들과 함께 누구네 차를 먼저 탈지 차례를 정해 보세요.

76. 여러분의 가족에게 알리세요

온난화현상을 일으키는 온실가스 중 12%가 교통수단 때문에 발생합니다. 그래서 여러분 가족이 차를 어떻게 타고 다니는지 점검해 보아야 합니다.

여러분의 자동차부터 시작할까요? 부모님의 운전습관을 살펴보세요. 짧은 거리도 차를 타고 가시나요? 부드럽게 운전하시나요? 자동차의 짐칸에는 필요한 것만 있나요? 이런 운전습관을 들이면 자동차가 소비하는 연료량을 줄일 수 있습니다.

부모님에게 자동차를 정기적으로 점검받으라고 하세요. 엔진이 부드럽게 움직이면 유해한 물질도 적게 방출됩니다. 만일 모든 자동차가 정기적으로 점검을 받는다면 수백만 킬로그램의 이산화탄소가 대기에서 사라질 거예요. 또한 타이어에 공기도 잘 들어 있는지 정기적으로 점검해야 합니다. 왜냐하면 바람이 빠진 타이어는 더 많은 에너지를 소모하거든요. 에어컨도 위험한 화학물질이 새지 않는지 정기적으로 점검해야 해요.

부모님이 얼마나 환경 친화적으로 운전하는지 아래 질문지를 작성하게 해 보세요. 그렇다는 답이 많이 나올수록 운전습관을 빨리 바꾸어야 한답니다.

	예	아니요
1. 여러분의 차는 연료 1리터에 1킬로미터밖에 달리지 못하나요?	☐	☐
2. 자동차를 항상 사용합니까?	☐	☐
3. 자동차를 산 지 5년 이상 되었습니까?	☐	☐
4. 자동차를 타지 않아도 되는 짧은 거리도 차를 탑니까?	☐	☐
5. 에어컨은 차를 산 이후 한 번도 점검하지 않았습니까?	☐	☐
6. 과속으로 운전하고, 길이 막히면 참을성 없게 엔진을 공회전시킵니까?	☐	☐
7. 아침에 여러분이 차를 타는 동안 부모님은 기다리지 못하고 자동차의 엔진을 가동시키나요?	☐	☐
8. 자동차를 정기적으로 점검하지 않습니까?	☐	☐
9. 자동차의 공기압을 점검한 지 1주일 이상 지났습니까?	☐	☐
10. 자동차 짐칸에 골프가방, 휴대용의자, 연장통 같은 것들이 가득합니까?	☐	☐

You can save the planet

77. 속도를 늦추세요. 너무 빨리 차를 몰고 있네요

아주 천천히 달리는 자동차나 아주 빨리 달리는 자동차는 정해진 속도로 달리는 자동차보다 더 많은 휘발유를 소비합니다.

엔진은 정해진 속도에서 가장 효율적으로 움직이기 때문이죠. 여러분의 가족이 천천히 달리거나 빨리 달리면 반드시 제한 속도를 지키라고 하세요.

13킬로미터 이상의 거리를 달릴 때에는 제한속도보다 시속 8킬로미터 정도 속도를 늦추면 이산화탄소 방출량이 연간 250킬로그램 줄어듭니다.

서두를 이유가 없잖아요?

78. 세차할 때

부모님이 자동세차장에서 세차하지 못하게 하세요. 손으로 세차할 때보다 더 많은 물, 전기, 세제를 쓰거든요.

환경을 더럽힌 가족에게 벌로 세차를 시키는 건 어떨까요?

79. 자전거를 타세요

자전거는 100% 친환경적인 이동수단이에요. 자전거를 만들고 버릴 때를 제외하면 연료도 필요 없고 지구에 아무 해도 주지 않으니까요. 아, 그리고 운동으로도 좋지요.

만일 자전거가 없다면 자전거가 작아져서 타지 못하는 사람에게 얻으세요. 아니면 벼룩시장이나 인터넷 중고시장에서 중고자전거를 찾아봐도 되고요. 자전거를 타기 전에 여러분의 자전거가 도로에서 타도 괜찮을지 친구에게 봐 달라고 하세요.

자전거를 안전하게 타는 방법

- 항상 헬멧을 쓰고 편한 옷을 입으세요. 어두워지면 전등을 사용하고 야광물질이 붙은 옷을 입으세요.
- 교통법규를 배우고 익히세요.
- 길에서 자전거를 탈 때는 음악을 듣지 마세요.
- 인도에서는 타지 마세요.

> 적당한 속도로 자전거를 타면 1시간에 400칼로리를 연소시킬 수 있어. 한 시간 동안 차를 타면 58칼로리밖에 연소시키지 못하는데.

You can save the planet

80. 걷기

걷기는 돈도 들지 않고, 환경 친화적이고, 깨끗합니다. 가능하면 가족에게도 차를 타지 말고 걸으라고 하세요. 학교나 동네 슈퍼마켓에 가는 경우에 말이죠.

부모님에게는 차를 주차시키느라 10분씩 걸리지 않아도 되고 주차료도 들지 않는다고 알려주세요.

아래의 표는 1년 동안 매일 16킬로미터씩 자동차, 버스, 기차, 도보로 이동할 때 얼마나 많은 이산화탄소가 생산되는지를 보여줍니다.

자동차 0.75톤 | 버스 0.6톤 | 기차 0.3톤 | 도보 0톤

81. 기차를 타세요

기차는 가장 환경 친화적인 대중 교통수단입니다. 한 사람이 1.6킬로미터를 이동할 때 자동차는 기차보다 6배나 많은 이산화탄소를 배출하지요. 다음에 가족이 함께 여행을 갈 때 목적지까지 얼마 만에 갈 수 있는지 알아보고 부모님에게 기차를 타자고 하세요.

82. 비행기를 착륙시키세요

항공여행이 저렴해지고 쉬워지면서 점점 더 많은 비행기가 하늘을 날고 있습니다. 충격적인 사실을 하나 소개할까요? 매일 2500만 명의 영국 사람들이 비행기로 프랑스 파리로 간답니다.

다음에 비행기 소리가 들리면 비행기가 하늘에 하얀 연기를 뿜어내는지 살펴보세요. 그 연기는 항적운이라고 불러요. 제트 엔진에서 나오는 뜨겁고 축축한 공기가 대기 중의 차가운 공기와 만나서 만들어지죠. 항적운은 하얗게 보이지만 사실은 더럽답니다. '제트프린트'라고도 부르지요.

항적운은 퍼져서 새털구름을 만들기도 해요. 낮게 떠 있는 구름(두

틈해서 햇빛을 가리지요)과는 달리 새털구름은 햇빛은 통과시키지만 지구로부터 나오는 열은 가두어 버려요. 다시 말해 항적운은 지구온난화를 일으킵니다.

비행기에 관한 진실

· 제트기는 비행기 승객이 각각 차를 몰고 비행기로 이동할 만큼의 거리를 이동할 때 필요한 만큼의 연료와 그때 배출되는 만큼의 이산화탄소를 배출합니다.

· 이륙과 착륙에는 많은 연료가 소모됩니다. 그래서 잠깐의 비행도 긴 비행만큼 해롭지요.

이렇게 하세요

· 여행을 가기 전에 꼭 비행기를 타야 하는지 가족과 토론해 보세요. 모험을 찾아 외국으로 나가는 건 멋진 일이에요. 하지만 대기를 오염시키는 건 별로 멋지지 않죠. 만일 여러분의 가족이 휴가를 계획한다면 여러분이 살고 있는 나라를 여행하는 건 어떨까요? 캠핑을 할 수도 있고, 산악자전거를 탈 수도 있고, 등산을 할 수도 있고, 보트를 탈 수도 있고, 말을 탈 수도 있어요. 아니면 농장에 머물 수도 있죠.

83. 더러운 발자국

우리가 이산화탄소 같은 온실가스를 만들어낼 때마다 지구는 조금씩 더 더럽혀지고 조금씩 더 오염되고 있습니다. 우리는 지구 여기저기에서 더러운 탄소발자국을 남기고 있습니다. 탄소발자국이 무엇인지 아래 설명을 보세요.

탄소발자국

탄소발자국은 우리가 어떤 일을 할 때마다 온실가스가 얼마나 만들어지고, 지구에 얼마나 해를 끼치는지 측정하는 것입니다. 탄소발자국은 이산화탄소로 측정합니다.

오존층

You can save the planet

탄소발자국은 우리가 텔레비전을 보고, 난방을 하고, 비디오게임을 하고, 자동차나 비행기를 타고, 물건을 사고, 재활용을 하지 않을 때 만들어지는 이산화탄소 배출량으로 측정됩니다.

반면 생태발자국은 우리가 사 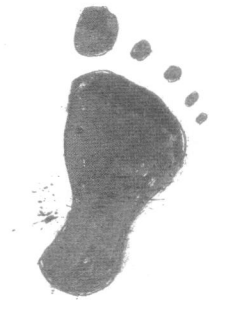 는 데 어느 정도의 땅이 필요한지로 측정합니다. 식량을 재배하는 데 필요한 땅뿐만 아니라 마시는 물, 여러 물건을 만드는 데 필요한 재료, 쓰레기를 묻는 데 필요한 공간까지 모두 계산해야 합니다. 현재는 1인당 6에이커(2.4헥타르)의 땅이 필요합니다. 이는 원래 필요한 양보다 20%나 큰 것입니다. 모든 사람이 잘 살 수 있도록 우리는 욕심을 줄여야 합니다. 선진국에 사는 우리는 우리가 누려야 할 몫 이상을 누리고 있습니다.

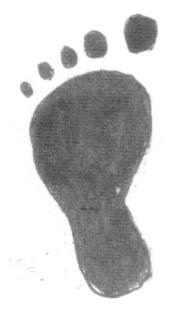
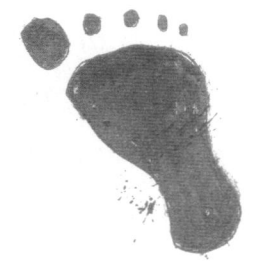

이렇게 하세요

· 가족의 탄소발자국을 계산해 보세요. 에너지를 절약하는 것이 얼마나 중요한지 깊이 깨닫게 해 줄 거예요. 1년 동안 탄소발자국을 얼마나 줄일지 목표를 세우세요.

탄소발자국을 계산해 주는 웹사이트를 소개할게요.

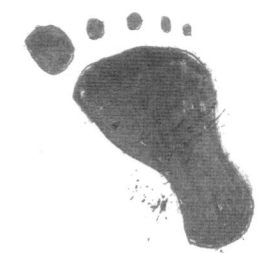

http://safeclimate.greenkorea.org/co2/calculator_01.php

이런 사이트에 들어가면 가족이 몇 명인지, 여행을 얼마나 하는지, 가스비나 전기세는 얼마나 나오는지 등을 질문 받게 될 거예요. 탄소발자국 계산기를 사용하기 전에 이런 정보부터 모아 보세요.

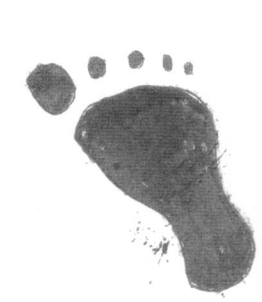

You can save the planet

84. 탄소상쇄에 대해 알아보세요

지구를 살리기 위해서는 우리가 대기 중에 내뿜는 온실가스의 양이 늘어서는 안 돼요. 탄소상쇄는 온실가스가 늘지 않게 조절해 주는 거예요.

탄소상쇄

사람들이나 회사들이 배출하는 온실가스를 조절하는 것입니다. 온실가스를 배출하는 사람들이나 회사들이 돈을 내면 환경단체들이 이 돈으로 온실가스를 줄이기 위해 여러 가지 활동을 합니다.
탄소상쇄는 온실가스로 인한 피해를 줄여 지구온난화를 막는 데 중요한 역할을 합니다.

환경단체는 여러 방법으로 온실가스와 싸웁니다. 어떤 단체는 여러분이 내는 돈으로 나무를 심어 이산화탄소를 흡수하고 산소를 배출하게 합니다. 또 어떤 단체는 여러분이 내는 돈으로 대체에너지를 연구합니다.

인터넷으로 환경단체들을 조사하고 가족과 함께 탄소상쇄 활동에 동참해 보세요. 하지만 탄소배출량을 조절하는 것보다는 줄이는 게 훨씬 낫다는 걸 잊지 마세요.

85. 나는 탄소를 얼마나 배출할까?

여러분이 배출한 탄소를 한 번 상쇄해 보세요. 생각만큼 쉽지는 않을 거예요. 예를 들어 여러분이 아침에 차를 타고 학교에 갔다면 거기서 배출된 탄소를 어떻게 상쇄할까요? 옆 페이지에 나오는 여러 가지 방법 중에서 골라보세요.

탄소 배출

자가용으로 등교했다

You can save the planet

상쇄 방법

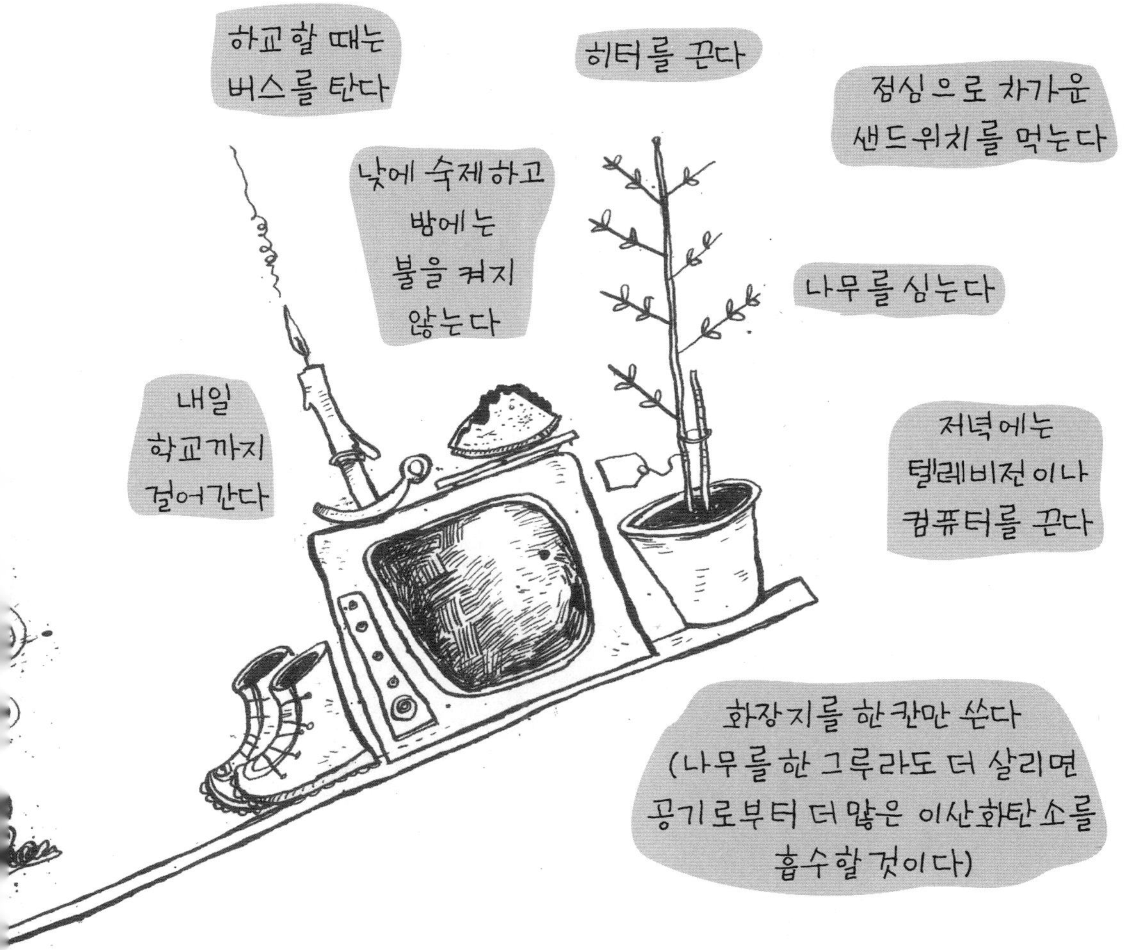

- 하교할 때는 버스를 탄다
- 히터를 끈다
- 점심으로 차가운 샌드위치를 먹는다
- 낮에 숙제하고 밤에는 불을 켜지 않는다
- 나무를 심는다
- 내일 학교까지 걸어간다
- 저녁에는 텔레비전이나 컴퓨터를 끈다
- 화장지를 한 칸만 쓴다 (나무를 한 그루라도 더 살리면 공기로부터 더 많은 이산화탄소를 흡수할 것이다)

좀 바보 같은 방법도 있지요? 하지만 여러분은 그렇게 탄소배출량을 조절해 주어야 합니다. 그러니까 오늘 뜨거운 물에 목욕을 했다면 다른 날에는 간단하게 샤워만 하세요. 밤새도록 불을 켜두었다면 내일은 두꺼운 옷을 입고 보일러를 끄세요. 오늘 무엇인가를 샀다면 내일은 무엇인가를 재활용하세요.

6장
생명을 살리세요

여기서는 지구에 사는
동식물을 살펴볼 거예요.
그들 역시 구해야 하니까요.

현재 많은 동물과 곤충이
지구에서 사라지고 있습니다.
어떤 과학자들은 100종의 동식물이
멸종 위기에 처해 있다고 말합니다.
그들 대부분은 우리 인간 때문에
사라지는 것이죠.

여러분은 환경범죄를 저지르는
사람이 되지 마세요.

86. 말썽쟁이 여행가가 되지 마세요

어떤 경우에는 여행이 환경에 해를 끼치기도 합니다. 여러분이 아무도 모르는 곳을 찾았다고 상상해 보세요. 아름다운 모래사장이 있고, 바다에는 멋진 물고기들이 헤엄치고, 숲에는 새와 동물과 곤충이 가득하죠. 여러분은 집에 돌아오면 친구들에게 그곳에 대해 이야기할 테고 친구들은 그곳에 가보겠지요. 그렇게 되면 여러분이 그 이야기를 하고 5년도 지나지 않아 몇 가지 환경적인 변화가 나타날 거예요.

1년 : 해변 여기저기에 캠프가 생기고 개발업자가 으리으리한 호텔을 지으려 하겠지요.

2년 : 숲은 베어지고 골프코스와 테니스코스가 만들어지겠지요.

3년 : 호텔이 손님으로 가득하면 그 지역에서 재배되는 식량으로는 부족할 거예요. 많은 물건들이 그곳에 운반되어 올 거예요. 물론 그 물건들을 운반하는 데는 많은 연료가 들겠지요.

4년 : 매일 섬으로 오가는 보트 때문에 물고기들이 고통을 받고 바다는 오염될 거예요.

산호초는 유람선이나 다이버들 때문에 훼손될 거고요.

5년 : 호텔은 많은 쓰레기와 하수를 만들어낼 거예요. 그 중 일부는 다른 곳에 치워지겠지만 일부는 태워지거나 그 섬에 매립되겠지요. 어쩌면 바다에 던져질지도 몰라요. 저런!

이제 다른 사람들이 모르는 멋진 곳에서 휴가를 보내는 것이 얼마나 엄청난 문제를 일으키는지 알았지요? 그런 휴가는 가지 않는 게 좋을 거예요.

87. 열대우림을 지켜 주세요

정말 무서운 사실을 알려줄까요? 열대우림이 없으면 지구의 모든 생명체는 살아남을 수가 없습니다. 벌목으로 열대우림은 무서운 속도로 파괴되고 있어요. 1초에 축구장 두 개 크기의 열대우림이 벌목되고 있지요. 열대우림의 절반가량 이미 사라졌고 이런 속도라면 2060년에는 열대우림이 모두 사라지게 됩니다.

사람들에게 열대우림을 지켜달라고 하세요. 열대우림을 지키는 단체를 인터넷에서 찾아보세요. 친구가 왜 그런 일을 해야 하는지 묻는다면 다음 페이지에 나오는 이야기를 들려주세요.

숲에 대한 진실

· 열대우림은 우리가 숨 쉬는 공기를 가장 많이 생산해 냅니다.

· 열대우림은 이산화탄소를 흡수하여 지구의 기후를 안정시킵니다.

· 인간이 만들어 내는 온실가스의 25%가 열대우림을 벌목하고 태울 때 만들어집니다.

· 열대우림은 강우량을 조절하고 토양의 수분증발을 통제하여 기후에 영향을 미칩니다.

· 열대우림은 원주민에게 집이 되어 줍니다. 또한 지구에 살고 있는 모든 생물종의 3분의 2가 열대우림에 서식합니다(5000만~7000만 종의 생물들).

· 우리가 사용하는 약 중에서 3분의 1 이상은 열대우림에서 자라는 식물에서 채취한 것입니다. 예를 들어 매일초는 어린이 백혈병을 치료하는 데 사용합니다. 열대우림이 파괴되면 이런 약을 만들 수 없을지도 모릅니다.

You can save the planet

88. 야생식물을 꺾지 마세요

농사를 짓기 위해 산림, 산울타리, 숲을 없애면서 수많은 들꽃과 야생식물이 사라지고 있습니다.

그러니까 들꽃을 함부로 꺾어서는 안 돼요. 난초에서부터 이끼까지 많은 식물들이 지금은 보호를 받고 있습니다. 사람들이 너무나 많이 꺾어 숫자가 줄었기 때문이지요.

산책을 할 때에는 식물이나 꽃을 꺾지 마세요. 그리고 가족에게도 꺾지 말라고 이야기하세요.

89. 기념품은 사지 마세요

기념품은 동식물을 위험에 빠뜨릴 수 있습니다. 800종 이상의 동식물은 현재 국제거래가 금지되어 있습니다. 또한 수천 종의 동식물이 엄격한 보호를 받고 있습니다.

그러니 기념품을 살 때에는 두 번 생각하세요. 그런 물건을 사는 건 법을 어기는 것이니까요.

사지 말아야 할 기념품

- 선인장
- 캐비아
- 산호, 상아, 거북이 껍데기(종종 장신구를 만듭니다).
- 악어, 뱀, 도마뱀 껍질(신발, 벨트, 시곗줄도 안 돼요).
- 난초 같은 식물(여러분이 사는 곳에서는 기를 수가 없습니다).
- 표범, 사자, 바다표범 가죽(열쇠고리나 지갑을 만듭니다).
- 살아 있는 새, 곤충, 동물
- 조개껍데기(조개는 바다에 두는 게 가장 좋겠지요?)

You can save the planet

90. 모피를 사지 마세요

털로 만든 물건을 사기 전에 그것이 진짜 털인지 인조털인지 확인해 보세요. 개와 고양이 등 동물의 모피는 방울장식, 모피를 댄 부츠, 모피로 장식한 코트와 장갑, 장난감을 만드는 데 쓰입니다.

라벨을 혼동하지 않도록 주의하세요. 모피로 만들고도 인조인 것처럼 표시하는 물건에 속아 넘어가서는 안 되니까요. 그런 물건은 입어 보지도 말고, 사지도 마세요.

모피에 대한 진실

- 중국에서는 매년 200만 마리의 개와 고양이가 죽습니다. 그 중 많은 수는 산 채로 가죽을 벗긴답니다.

- 연간 3000만 마리 이상의 동물들이 모피 농장에서 죽습니다.

- 모피 코트 한 벌을 만들기 위해서는 100마리의 친칠라 가죽이 있어야 합니다.

- 어린 물개와 바다표범을 죽이는 것은 금지되어 있지만, 1996년 26만 8921마리의 바다표범이 캐나다 해안에서 살해되었습니다.

91. 동물을 아껴 주세요

우리가 좋아하는 동물 중에는 우리 때문에 멸종 위기에 처한 것들도 많습니다. 귀한 동물들이 가죽, 상아, 뿔 때문에 죽습니다. 심지어 그냥 심심풀이로 죽이기도 하지요! 야생동물 기구들은 이 동물들을 보호하기 위해 최선을 다하지만 여러분의 도움이 필요합니다.

이렇게 하세요

· 등산을 갔을 때 과일껍질을 그냥 버리면 안 됩니다. 껍질에 묻어 있는 농약을 먹고 동물들이 죽을 수 있어요.

함부로 물고기를 잡지 마세요. 그냥 놓아 주더라도 우리 손에 있는 열 때문에 화상을 입을 수도 있답니다.

You can save the planet

92. 동물원에 가세요

동물원과 사파리는 위험에 빠진 동물을 구하는 일을 합니다. 입장료는 동물을 안전하게 돌보고 먹이는 데 쓰입니다.

동물원에 놀러가서 동물원을 도와주세요. 동물원에서 돌보거나 기르고 있는 동물에 대해 알아보세요. 그러나 동물들은 여러분을 위해서 동물원에 있는 것이 아니에요. 우리가 동물들의 집을 파괴하고 동물들을 마구 사냥하여 멸종 위기에 처했기 때문에 동물들이 그곳에 있는 것이랍니다. 여러분이 돕지 않으면 수많은 동물들을 더 이상 볼 수 없게 될 거예요.

93. 낚시꾼과 싸우세요

　수많은 물새들이 물고기를 잡아먹다가 납으로 만든 낚시추까지 함께 삼켜 죽습니다. 납은 아주 위험한 금속입니다. 얼마 전 납으로 만든 낚시추가 금지되면서 물새들은 조금 마음 놓고 물고기를 잡아먹을 수 있게 되었습니다. 그러나 여전히 아무렇게나 버려진 낚싯바늘과 낚싯줄 때문에 물새들은 위험하답니다. 낚싯바늘과 낚싯줄 모두 아름다운 물새를 고통스럽게 죽게 합니다.
　만일 아는 사람이 낚시를 좋아한다면 물새처럼 약한 생물이 다치지 않게 조심하라고 알려주세요.

94. 참치만 잡으세요

　참치는 돌고래 아래에서 헤엄치는 걸 좋아합니다. 물론 어부들은 그런 사실을 잘 알고 있지요. 그래서 어부들은 돌고래 주위에 그물을 던집니다. 돌고래 밑에서 헤엄치는 참치를 잡기 위해서지요.
　50년 동안 700만 마리의 돌고래가 그물에 걸려 죽었습니다.
　여전히 돌고래는 그물에 걸려 죽습니다. 다행히도 1990년부터 돌고래를 해치지 않았다는 표시를 참치 통조림에 하게 되었습니다. 참치를 잡을 때 돌고래를 죽거나 다치게 하지 않았다는 표시예요. 여러분도 참치 통조림을 사기 전에 잘 살펴보세요. 만약 '돌고래를 해치지 않았다'는 말이 보이지 않으면 그 통조림은 절대 사지 마세요.

95. 돌고래와 수영하지 마세요

어떤 관광지에서는 돌고래와 함께 수영을 할 수 있습니다. 정말 멋진 일처럼 들리지요? 멋진 동물이 여러분을 환영해 주는 것 같죠?

돌고래는 원래 바다에서 삽니다. 하지만 사람들은 돌고래를 강으로 몰아넣어 사람들과 헤엄치게 하지요.

이 때문에 작고 약한 돌고래들은 죽기도 해요. 돌고래들을 고향에서 살 수 없게 하는 건 나쁜 짓이에요.

96. 물고기를 살려주세요

지난 50년 동안 어업기술이 발달하면서 물고기의 수가 엄청나게 줄었습니다. 그 이유는 이렇습니다.

수상한 진실

· 거대한 원양어선은 만선이 될 때까지 몇 주 동안 바다에 머물 수 있습니다. 원양어선의 선원들은 배 위에서 생선을 얼리고 통조림에 담습니다.

· 물고기를 레이더로 추적하여 커다란 그물로 잡는다면 물고기들은 도망갈 데가 없어요. 게다가 그물눈의 크기가 점점 작아지면서 어린 물고기가 어른 물고기로 자라지도 못하고 잡히게 되었습니다.

· 수천 마리의 돌고래와 참돌고래는 사람들이 연어나 참치를 잡을 때 실수로 죽습니다.

· 남획은 다른 동물들까지 위협합니다. 예를 들어 대서양의 그릴(작고 빨간 새우) 어업은 그릴새우를 먹고사는 고래를 위협합니다.

이렇게 하세요

· 어떤 물고기가 위기에 처했는지 알아보고, 그 물고기는 사먹지 마세요. 먹는 사람이 줄면 물고기도 조금만 잡을 테니까요.

You can save the planet

97. 고래를 구하자

흰긴수염고래는 세상에서 가장 큰 동물입니다. 지난 세기에는 사람들이 고래를 너무 많이 잡아 흰긴수염고래와 혹등고래 같은 고래종은 거의 멸종할 뻔했습니다.

다행히도 전 세계 정부가 힘을 합해 1986년부터 고래어업을 금지했습니다. 그 결과 고래의 수는 다시 늘어나고 있습니다. 그러자 몇몇 나라(일본, 아이슬란드, 노르웨이 등)가 다시 고래어업을 시작했습니다.

이렇게 하세요

· 부모님께 고래를 보러 가자고 하세요. 그린피스는 아이슬란드 바다에서 고래 사냥이 사라지고 고래가 마음 놓고 헤엄칠 수 있게 되면 사람들이 고래를 볼 수 있을 거라고 약속했어요. 그러니까 고래를 죽이지 말고 관광자원으로 개발해야 더 많은 돈을 벌 수 있다는 소리지요.

7장
세계 사람들이 하나가 되어

지금까지 여러분은 집을
더 환경 친화적이고 깨끗한 곳으로
만드는 법을 배웠어요.
이제는 다른 사람들도 함께
노력해야 합니다.

다른 사람들에게 세상을
변화시킬 수 있는 방법을
알려주세요.

98. 힘을 합하세요

입소문으로 세상을 변화시킬 수 있습니다. 친구들과 선생님에게 에너지를 아끼고 재활용하는 방법을 들려주세요. 학교에서 어떻게 쓰레기를 줄이고 물건을 재활용하고 환경을 보호할지 토론해 보세요.

환경 동아리를 조직하고 소식지를 만들어 사람들에게 여러분의 계획을 들려주세요.

여러분의 홈페이지에 지구를 구할 수 있는 방법을 소개하고 다른 사람들과 의견을 나누세요.

You can save the planet

99. 많을 수록 좋아요

지구를 구하는 것은 한 사람에게는 너무 어려운 일입니다. 친구나 가족에게 이 책을 주세요. 아니면 이 책에서 읽은 내용을 들려주고 지구를 구하기 위해 어떤 일을 해야 할지 알려주세요. 그리고 다른 사람들에게도 알려주라고 하세요. 여러분은 함께 더 큰 변화를 만들 수 있습니다.

100. 전 세계에 친구를 만드세요

지구에는 65억 명 이상의 사람들이 살고 있습니다. 친구가 되어 함께 환경을 지킬 수 있는 사람도 그만큼 많은 셈이지요. 한 번 해 보세요. 지구는 많은 친구가 필요합니다.

여러분의 학교가 다른 나라에 있는 학교와 결연을 맺었는지 알아보세요. 여러분은 그 학교 학생들에게 이메일을 보낼 수 있습니다.

그 나라 사람들은 어떻게 사는지 알아보세요. 지구를 살리기 위해 그 나라 사람들이 어떤 일을 하는지 알아보세요. 정보와 계획을 교환하세요. 기억하세요, 힘을 합하면 지구를 구할 수 있습니다.

101. 서명을 받으세요

'지구에 대한 나의 맹세'에 서명을 하고 이 책에서 읽은 내용을 실천하세요. 가족들에게도 이 책을 읽은 후 서명하게 하세요.

지구에 대한 나의 맹세

이 책에서 읽은 것을 기억하고 실천할 것을
굳게 약속합니다.

오늘 더 편하게 살기 위해
지구의 미래를 망치지 않겠습니다.

서명 _____

증인 _____

You can save the planet

지구에 대한 우리 가족의 맹세

이 책에서 읽은 것을 기억하고 실천할 것을
굳게 약속합니다.

오늘 더 편하게 살기 위해
지구의 미래를 망치지 않겠습니다.

서명 _____

서명 _____

서명 _____

서명 _____

증인 _____

유용한 웹사이트

멋진 환경 사이트를 소개합니다.

환경부
www.me.go.kr

녹색가게
www.greenshop.or.kr

아름다운 가게
www.beautifulstore.org

녹색연합
www.greenkorea.org